101 WHISKYS

DIE MAN PROBIERT HABEN MUSS

ÖRJAN WESTERLUND

101 WHISKYS

DIE MAN PROBIERT HABEN MUSS

ÖRJAN WESTERLUND

h.f.ullmann

BRUICHLADDICH
EST
ISLAY SINGLE MALT
PC11
EÒRNA

INHALT

VORWORT 9
AUSWAHL UND BEWERTUNG 11
ABERLOUR A'BUNADH 13
AILSA BAY 15
AMRUT FUSION 17
ANCNOC TUSHKAR 19
ARDBEG DARK COVE 21
ARDBEG CORRYVRECKAN 23
ARDBEG UIGEADAIL 25
AUCHENTOSHAN THREE WOOD 27
BAKERY HILL CASK STRENGTH 29
BALLANTINES 17 YEARS 31
BALVENIE PORT WOOD 33
BALVENIE SINGLE BARREL 15 YEARS 35
BENRIACH 12 YEARS 37
BLANTON'S STRAIGHT FROM THE BARREL 39
BOOKER'S BOURBON 6 YEARS 41
BOWMORE DARKEST 43
BOWMORE LAIMRIG 15 YEARS 45
BOX THE 2ND STEP COLLECTION 01 47
BRUICHLADDICH BERE BARLEY 2008 49
BULLEIT BOURBON 51
BUNNAHABHAIN 18 YEARS 53
BUNNAHABHAIN CRUACH-MHÒNA 55
CAOL ILA DISTILLERS EDITION, MOSCATEL 57
CHICHIBU THE PEATED 2011 59
CORNER CREEK RESERVE BOURBON WHISKEY 61
DALMORE VINTAGE 2004 63
EAGLE RARE SINGLE BARREL STRAIGHT BOURBON 65
EVAN WILLIAMS STRAIGHT BOURBON WHISKEY 67
FOUR ROSES SINGLE BARREL 2013 69
GEORGE DICKEL NO 12 71
GLEN GRANT 15 YEARS 73
GLEN SCOTIA 14 YEARS 75

GLENDRONACH ALLARDICE 18 YEARS 77
GLENFARCLAS 15 YEARS 79
GLENFARCLAS 21 YEARS 81
GLENFIDDICH 15 YEARS 83
GLENFIDDICH 30 YEARS 85
GLENFIDDICH VINTAGE CASK, PEATED 87
GLENGLASSAUGH 89
GLENGOYNE 21 YEARS 91
GLENMORANGIE 18 YEARS 93
GLENMORANGIE FINEALTA 95
GLENMORANGIE MILSEAN 97
GLENMORANGIE ORIGINAL 99
GLENMORANGIE SIGNET 101
GLENROTHES PEATED CASK RESERVE 103
HENRY MCKENNA 10 YEARS 105
HIGH WEST CAMPFIRE 107
HIGHLAND PARK 18 YEARS 109
HIGHLAND PARK 40 YEARS 111
HUDSON FOUR GRAIN BOURBON 113
JACK DANIEL'S NO 27 GOLD 115
JAMESON SELECT RESERVE/BLACK BARREL 117
JEFFERSON'S OCEAN 119
JEFFERSON'S STRAIGHT RYE WHISKEY 121
JIM BEAM SIGNATURE CRAFT 123
JOHNNIE WALKER BLUE LABEL 125
JOHNNIE WALKER PLATINUM LABEL 18 YEARS 127
JURA DIURACHS' OWN 16 YEARS 129
KAVALAN SINGLE MALT WHISKY 131
KILCHOMAN 100 % ISLAY 133
KNOB CREEK RYE 135
KORNOG 137
KOVAL MILLET 139
LAGAVULIN 16 YEARS 141
LAPHROAIG 18 YEARS 143
LAPHROAIG PX CASK 145

LAPHROAIG QUARTER CASK 147
LONGMORN 16 YEARS 149
THE MACALLAN 18 YEARS 151
THE MACALLAN RUBY 153
THE MACALLAN WHISKY MAKER'S EDITION 155
MACKMYRA ISKRISTALL 157
MICHTER'S BOURBON 159
MICHTER'S SOUR MASH 161
MORTLACH SPECIAL STRENGTH 163
NEVIS DEW SPECIAL RESERVE 165
NIKKA ALL MALT 167
NIKKA TAKETSURU 12 YEARS 169
NIKKA YOICHI 10 YEARS 171
NIKKA YOICHI 15 YEARS 173
OCTOMORE 07.2 175
OLD OVERHOLT STRAIGHT RYE 177
OLD PEPPER SMALL BATCH 179
PORT CHARLOTTE PC11 181
REBEL YELL SMALL BATCH 183
REDBREAST IRISH SINGLE POT STILL, 12 UND 15 YEARS 185
REDEMPTION RYE 187
SAZERAC STRAIGHT RYE 189
SONOMA COUNTY WEST OF KENTUCKY BOURBON NO. 1 191
SPIRIT OF HVEN TYCHO'S STAR 193
SPRINGBANK 15 YEARS 195
SPRINGBANK 18 YEARS 197
SPRINGBANK CASK STRENGTH 12 YEARS 199
SPRINGBANK GAJA BAROLO, 9 YEARS 201
SULLIVANS COVE FRENCH OAK PORT CASK 203
TEELING WHISKEY - RUM CASKS 205
TEERENPELI KASKI 207
WANNBORGA Ö WHISKY 209
WILD TURKEY 101 PROOF BOURBON 211
WILLETT FAMILY ESTATE 6 YEARS 213
DAS WHISKY-ABC 214

WHISKEY

VORWORT

Vor gut zwanzig Jahren brach eine regelrechte Whiskyflut über uns herein. Vereinzelte Wellen wuchsen an zu einer beachtlichen Woge, die inzwischen durch den zunehmenden Trend zu anderen Getränken und neuen lukullischen Verführungen wieder leicht abgeflacht ist. Doch die Erscheinung als solche blieb bestehen und erfreut sich durch Whiskyverkostungen, Clubs, Whisky-Sonderauflagen und Internetauftritte eines regen Soziallebens.

Neuerdings ist erfreulicherweise auch beim amerikanischen Whiskey ein Aufwärtstrend zu verzeichnen, dem auch die Neuauflage dieses Buches Rechnung trägt: Rund die Hälfte der neuen Einträge stammt aus den USA. Dort gibt es neben einer Menge generöser Whiskycharaktere nämlich auch die gesetzliche Auflage, Lagerfässer nur einmal zu verwenden. Das gibt den Whiskeys nicht nur einen ausgeprägten Charakter, sondern verleiht den Amerikanern auch einen deutlichen Wettbewerbsvorteil gegenüber den oft ein wenig laschen Produkten der schottischen Großkonzerne, die ihre Fässer so lange wiederverwenden, bis das Ergebnis nur noch fade ist.

Kenner wie Neulinge finden in dieser Neuauflage eine Reihe von interessanten neuen Whiskys, diesmal mit einer Tendenz zu süßerem, eichigerem Aroma, mit etwas mehr Vanille und Crème brûlée. Trotz des größeren Anteils an Nordamerikanern bleibt die bisherige Bandbreite jedoch bestehen. Wir haben auch hier wieder reichlich Platz für eigene Notizen gelassen und wünschen uns, dass dieses Buch Sie auf Ihren Erkundungszügen in Whiskyhandlungen und Duty-free-Shops begleiten wird.

Ich hoffe, dass Sie beim Probieren ebenso viel Spaß haben wie ich. Vielleicht finden Sie hier einen neuen Freund aus den USA, perfekt zum Nachtisch oder als eisgekühlten Sommerdrink in der Hängematte. Zum Wohl!

Geschrieben an einem sommerlich warmen Maiabend mit einem Mond am Himmel, der den klingenden Eiswürfeln in meinem Old Pepper Small Batch Konkurrenz macht. Ein göttlicher Schlummertrunk!

Not genuine without this signature
93 PROOF
OVERHOLT
"1810"
SOUR MASH
Straight RYE Whiskey
LIQUOR

AUSWAHL UND BEWERTUNG

In einem aus persönlichen Favoriten und Empfehlungen zusammengestellten Buch wäre eine Bewertung nach Noten wenig aufschlussreich, denn sie sagt nichts über die Bewertungskriterien aus, warum ein bestimmter Whisky Aufnahme gefunden hätte. Ich hoffe, dass meine eigene subjektive Beschreibung von Aroma, Geschmack und Abgang darüber genauere Auskunft geben kann.

Alle Beschreibungen, soweit nicht anders angegeben, beziehen sich auf unverdünnten Whisky, denn der Geschmack kann sich durch die Zugabe von Wasser erheblich verändern.

Die Auswahl der Whiskysorten in diesem Buch soll Ihnen bereits bei der Lektüre Augen und Nase für dieses Getränk öffnen – natürlich gern mit einem Glas in der Hand! Einem versierten Weinkenner mögen meine Bewertungen vielleicht unorthodox erscheinen, doch sie sind darauf angelegt, den Lesern meine Liebe zum Whisky mithilfe von allgemein verständlichen Begriffen und alltäglichen Duft- und Geschmacksassoziationen zu vermitteln.

Zunächst einmal werden Sie hier Begriffe finden, die auch in der internationalen Whiskybewertung gebräuchlich sind, zum Beispiel fruchtig, rauchig, Sahnekaramell, Torf oder Eiche.

Doch eigentlich macht es am meisten Spaß, bei einer Whiskyprobe in angenehmer Gesellschaft die etwas schrägeren Geschmacksrichtungen wie Marmelade, Gummi, Schießpulver, Klebstoff oder Lakritze gemeinsam herauszuschmecken.

Und zu guter Letzt: Gehen Sie nicht davon aus, dass Sie zu demselben Urteil wie ich kommen werden. Der Geruchs- und Geschmackssinn ist eine sehr persönliche Angelegenheit und zudem stark von der Tagesform abhängig. Meine Bewertung soll nur ein Anhaltspunkt sein. Wir haben auf jeder Seite Platz gelassen, damit Sie dort Ihre eigenen Eindrücke niederschreiben können. Denn am Ende kommt es einzig und allein auf Ihr eigenes Urteil an!

ABERLOUR®
ESTD 1879
HIGHLAND SINGLE MALT
SCOTCH WHISKY
A'BUNADH
SINGLE CASK SPANISH OLOROSO SHERRY BUTTS
FROM THE CASK AT 60.2% alc./vol.
FILTERED
BATCH NO. 45
D. CRUICKSHANK MASTER DISTILLER
ABERLOUR DISTILLERY COMPANY LTD.
Matured exclusively in sherry butts,
Aberlour a'bunadh is bottled at cask
strength and without the use of
chill-filtering method
luxurious and rich whisky

ABERLOUR A'BUNADH (60,2 %)

Ich erinnere mich gut an den Tag, an dem ich dieses Dickerchen zum ersten Mal im Regal erblickte. Das war zu einer Zeit, als eine kurze, bauchige Flasche mit dickem Hals und versiegeltem Korkenverschluss noch ins Auge fiel. Sie war etwa so auffällig wie eine bunte Winterjacke in Stockholm.

AROMA Vom Charakter her ist dieser Whisky eigentlich genauso. Der kalt gefilterte Whisky ist von einem intensiven Sherryaroma durchdrungen. Das Aroma von Rosinen und warmem Alkohol fließt zusammen mit einem zarten Blütenduft mit einem leichten Ozoneinschlag. Die fruchtige Note und der leichte Holzeinschlag sind frischer, als ich es von früheren Jahrgängen kenne. Der Hauch von leicht muffigem Eichenfass ist einer blumigen, esterigen, sherryfarbenen Spannkraft gewichen.

GESCHMACK Kräftig und feurig, doch man kann ihn auch ohne Wasser trinken. Anfängliches Eichenfassaroma, rasch eingeholt von einer zarten Konfitürenote, abgerundet durch Alkohol und Tannine. Mit einem Schuss Wasser kommen das leicht bittere Eichenaroma und die typische Sherrynote stärker zur Geltung.

ABGANG Zuerst trocken und leicht bitter, dann fruchtig, ein Hauch von süßem Sherry. Mit nachlassendem Feuer rückt ein zartes Aroma nach Erdbeerkonfitüre in den Vordergrund, sowie eine süße Nussigkeit, die in Sahnebonbons mit Erdbeerfüllung abklingt. Ganz zuletzt klingt das Erdbeeraroma aus mit einem Anklang von dunkler Schokolade mit leicht metallischem Nachgeschmack. Ein wahrhaft galantes Getränk!

STÄRKE ETC./NOTE: **1 2 3 4 5**

AROMA: ....

GESCHMACK: ....

ABGANG: ....

AILSA
BAY
AILSA CRAIG
GIRVAN
SINGLE MALT
SCOTCH WHISKY
A UNIQUELY DISTILLED & METICULOUSLY BALANCED SINGLE MALT WHISKY, FROM SCOTLAND'S AYRSHIRE COAST
WILLIAM GRANT & SONS LTD., GIRVAN, AYRSHIRE, KA26 9PT
PPPM 021
SPPM 011
DESCRIPTION
SMOKE, PRECISELY BALANCED WITH SWEETNESS
MALT MASTER
BRIAN KINSMAN
STRENGTH
48.9% VOL.
VOLUME
70 CL e
01

AILSA BAY (48,9 %)

AROMA Leicht stechend und jung, mit einer Andeutung von Rauch. Feiner Vanilleduft und eine Ahnung von knusprigen Fruchtdrops. Ganz am Rande eine etwas schwere, doch immer noch angenehme Andeutung von Dillchips.

GESCHMACK Malzsüß mit schöner, doch leider allzu schnell verfliegender Fülle, allmählich übergehend in eine leichte Hitze.

ABGANG Feurig, nach Torfrauch, mit Untertönen von dunkler Schokolade und einer feinen Lakritzsüße, auslaufend in weiches Malz mit Salmiak. Der Torfrauch wirbelt hoch auf und verfliegt dann langsam. Ordentlich und ausgewogen trotz seiner Jugend, ausgeprägt in seiner Rauchigkeit und überdies sehr ordentlich präsentiert: Das Etikett lobt die Präzisionsdestilliation mit der Silhouette des achtkantigen Spiritsafes aus, in dem das Kondensat der vier plus vier Brennkolben aufgefangen wird. Die junge Brennerei in Girvan wurde 2009 von Prinz Charles eingeweiht. Dies ist Ailsa Bays erster Maltwhisky.

Ailsa Bay ist noch jung und hatte einen etwas holperigen Start, kann jedoch auf den stabilen Hintergrund von William Grant & Sons zurückgreifen. Ailsa verwendet Kopien der Brennkolben der Balvenie-Brennerei, ebenfalls ein Ableger der Kolonnenbrennerei in Girvan, und hat wie deren Whiskys eine deutliche Rauchnote. Trotz der etwas komplexen Herkunft ist diese rauchige Fruchtpraline mehr nur als einen Versuch wert, denn das erste Produkt gibt Anlass zur Hoffnung!

STÄRKE ETC./NOTE: **1 2 3 4 5**

AROMA: ....

GESCHMACK: ....

ABGANG: ....

PRODUCT OF INDIA / PRODUIT DE L'INDE
AMRUT
fusion
WEST
EAST
SINGLE MALT WHISKY
AGED IN OAK BARRELS
70cl e
700mL e
50% alc./Vol.
MATURED AND BOTTLED BY AMRUT DISTILLERIES
(N.R. JAGDALE GROUP)
KAMBIPURA, BANGALORE - 560 074 INDIA

AMRUT FUSION (50 %)

AROMA Sobald man den Duft dieses Whiskys einatmet, denkt man an Schottland – sehr schmeichelhaft für Amrut und vielleicht ein wenig beunruhigend für die Schotten. Eine schöne, jedoch nicht allzu glatte Kombination von Orangen- und Grapefruitschale auf einem soliden Fundament von indischem und schottischem Malz. Neben der Zitrusschale ein Firnis von trockenen Geleefrüchten, eine runde, marmeladige Note von Sherry und Karamell mit leicht holzigem, würzigem Röstaroma.

GESCHMACK: Füllig-malzig, jedoch trotz allem sehr trocken. Vor dem Hintergrund des marmeladigen Sherryaromas zuerst nach Rosinen, dann ein sanfter, leicht exotischer Nachhall von Litschifrüchten. Der straffe Charakter lässt ein hohes Alter vermuten, ist hier jedoch dem Klima von Bangalore zu verdanken: Dieser Whisky hat sehr wahrscheinlich keine 18, sondern deutlich weniger Jahre in Indiens feuchtwarmem Klima auf dem Buckel.

ABGANG Ausgewogen nach Malz und Röstaromen. Anfänglich sehr herb, dann jedoch schnell abflauend zu einer angenehmen Trockenheit im Verbund mit der delikaten Süße von Rosinen und Getreide.

STÄRKE ETC./NOTE: **1 2 3 4 5**

AROMA: ....

GESCHMACK: ....

ABGANG: ....

MACKENZIE
MASSOR AV WHISKY
tushkar
limited edition
15.0 PPM
[parts per million]
The Tushkar spade has a long blade that cuts down through the peat, producing a turf with a medium to slow burn. This peat creates and adds a complex but medium smokiness to the whisky, in this case, with a PPM of 15.0.
anCnoc
HIGHLAND SINGLE MALT
SCOTCH WHISKY
PRONOUNCED:
[a-nock]
non chill-filtered
natural colour
DISTILLED, MATURED AND BOTTLED IN SCOTLAND BY THE KNOCKDHU DISTILLERY COMPANY, ABERDEENSHIRE, AB54 7LJ.
Established 1894
70cle 46% Vol.

ANCNOC TUSHKAR (46 %)

AROMA Lecker und fruchtig-würzig. Der nach traditioneller Methode gebrannte 12-jährige AnCnoc ist ein typischer Speyside-Whisky mit einer charaktervollen Note von Toffee, Holzrauch, Vanille und Nüssen. Liebhaber von jüngeren Whiskys werden die interessante Mischung von Holzrauch, Beeren- und Apfelaroma zu schätzen wissen.

GESCHMACK Nach Salzwasser mit intensiv-rauchigem Whisky-charakter. Vollmundig nach Lakritze und leichtem, zunehmend nussigem Rosinenaroma.

ABGANG Zuerst intensiv-rauchig und wie auch der ungetorfte Zwölf-jährige nussig, ausklingend in Nougat – obwohl für mich als Fan von dänischen Lakritzpralinen mit Schokoladenüberzug diese Assoziation naheliegt. Die leichte Pfeffernote auf der Zunge vereint sich allmählich mit einem leicht süßlichem Malzaroma.

Tushkar stammt aus der Knockdhu-Brennerei im schottischen Hochland. Der Name ist die gälische Bezeichnung für einen Torfstecherspaten. Der Phenolanteil dieses Maltwhiskys beträgt 15 ppm – deutlich weniger, als das doch recht ausgeprägte Torfraucharoma vermuten lässt!

STÄRKE ETC./NOTE: **1 2 3 4 5**

AROMA: ....

GESCHMACK: ....

ABGANG: ....

Established 1815
Ardbeg
DARK COVE
ISLAY SINGLE MALT
SCOTCH WHISKY
SPECIAL COMMITTEE ONLY EDITION
2016
Take this whisky and hide it well. For its heart has been matured in DARK SHERRY CASKS, imparting waves of treacle toffee, coal tar, squid ink noodles and toasted coffee grounds. The DARKEST ARDBEG ever.
ARDBEG DISTILLERY LIMITED
ISLE OF ISLAY, ARGYLL, SCOTLAND PA42 7EA
55% vol.
DISTILLED & BOTTLED
IN SCOTLAND
70cl e

ARDBEG DARK COVE (55 %)

AROMA Hier schmeckt man den Sherry in Form einer recht trockenen Sherrynote, daneben jedoch leicht angebrannter Karamell mit einem Hauch von Salmiak. Zeitweise ein feiner Anflug von Chemie, der an Alleskleber und ein ganz klein wenig an Plastik erinnert. Dominant jedoch das weiche Fundament von Sherry, Rauch und Salz. Mit ein paar Tropfen Wasser verstärkt sich das Sherryaroma.

GESCHMACK Zuerst weich und ganz leicht stechend. Ein ungewöhnlicher Geschmack mit seiner Kombination von Sherry, Lakritze und süßlichem Rauch. Etwas Wasser rundet den Geschmack deutlich ab, doch der besondere Charakter bleibt erhalten.

ABGANG Auch hier die charakteristische rauchige Süße, ein zarter, kurzer Anflug von Toffee, dann die trockene Fassnote und salziger Rauch. Zuletzt ein charakteristischer Zusammenklang von schwerem Sherry, leichter Süße und salzigem Rauch.

STÄRKE ETC./NOTE: 1 2 3 4 5

AROMA: ....

GESCHMACK: ....

ABGANG: ....

Ardbeg
CORRYVRECKAN
The Ultimate
ISLAY SINGLE MALT SCOTCH WHISKY
ARDBEG DISTILLERY LIMITED
ISLE OF ISLAY, ARGYLL, SCOTLAND PA42 7EA
57.1% vol.
DISTILLED & BOTTLED IN SCOTLAND

ARDBEG CORRYVRECKAN (57,1%)

AROMA Ein fülliges, reiches Aroma, das neben Rauchigkeit auch Assoziationen von Wellpappe, Mandelkuchen, Kohlrouladen und Äpfeln sowie Sahnebonbons mit Lakritze, Erdbeerplätzchen und den warmen, schweren Duft von Pfeifentabak heraufbeschwört.

GESCHMACK Füllig und ausgewogen. Mit etwas Wasser kommt ein Hauch von Schärfe hinzu.

ABGANG Leicht scharf mit Nuancen von mildem Karamell und dunkler, schwach bitterer Schokolade, gepaart mit süßlicher Rauchigkeit.

2008 vom Fanclub Ardbeg Committee in einer limitierten Ausgabe herausgebracht, doch seit 2009 erfreulicherweise allgemein erhältlich.

STÄRKE ETC./NOTE: **1 2 3 4 5**

AROMA: ....

GESCHMACK: ....

ABGANG: ....

ESTD 1815
Established 1815
Ardbeg
UIGEADAIL
The Ultimate
SINGLE ISLAY MALT SCOTCH WHISKY
NON CHILL-FILTERED
ARDBEG DISTILLERY LIMITED
ISLE OF ISLAY, ARGYLL, SCOTLAND, PA42 7EA

ARDBEG UIGEADAIL (54,2 %)

AROMA Ein rauchiges Aroma von gerösteten Salzmandeln und schwachem Sherryeinschlag. Weniger rauchig als die anderen Whiskys dieser Marke, eher wie ein torfrauchiger Cognac. Ein Hauch von warmer Holzfaserplatte, vielleicht ein wenig zuviel Holzfass, leicht angestaubte Weihnachtskekse vom letzten Jahr, doch immer noch süß und fruchtig mit etwas dunkler Schokolade.

GESCHMACK Zuerst schokoladig, dann mit einem Hauch Chili. Cremige Rauchigkeit mit einem Hauch von gesalzenen Nüssen.

ABGANG Intensiv, übergehend von halbsüß nach trocken. Dann ein trockener, brotiger Geschmack nach Salzbrezeln. Ein wunderbar rauchiger Schluck für die Gelegenheiten, zu denen der Islay-Whisky etwas weicher sein darf. Ideal für eine ruhige Stunde – oder zwei.

Gelagert in jungen und alten Sherryfässern.

STÄRKE ETC./NOTE: **1 2 3 4 5**

AROMA: ....

GESCHMACK: ....

ABGANG: ....

THE TRIPLE DISTILLED
AUCHENTOS
SINGLE MALT SCOTCH
WHISKY
The TRIPLE DISTILLED, award winning, extra smooth, SINGLE MALT renowned for its soft, delicate flavour.
THREE
WOOD
700ml e
FINISHED IN SPANISH SHERRY
DISTILLED AND BOTTLED IN SC
43%alc./vol.
DISTILLERY

AUCHENTOSHAN THREE WOOD (43 %)

AROMA Fruchtiges Aroma nach Erdbeerbonbons, Heideblüten und Erdbeermousse. Mit Möbelpolitur behandelte Äpfel, warmes Holz und ein wunderbar rosinenartiger Hauch von gedörrten Früchten, so als würde eine Handvoll Rosinen mit Zucker und Whisky in heißer Butter gebräunt. Ein Hauch von Pecannüssen, ein Hauch von Schießpulver.

GESCHMACK Im Geschmack zunächst Zartbitterschokolade, dann übergehend zu Rosinen und Sherry, leicht scharf auf der Zunge. Zunehmende süße Fülle, wunderbar ausgewogen durch das leicht bittere Schokoladenaroma und die elegante, zarte Schärfe, wenn auch mit einem Anklang von Wachs.

ABGANG Kurz nach Rosinen, dann nach Rumrosinen, übergehend in ein wohlkomponiertes Aroma von bester Sherryfasslagerung. Ausgewogen und sherryfruchtig, trocken. Straff und doch leicht, ausklingend in einem getreidigen, ganz leicht marmeladigen und schwach feurigen Finale.

Meiner Meinung nach das beste Produkt dieser Brennerei. Ein Dreifachdestillat wie alle Whiskys hier, doch mit einer ambitioniertensen Lagerung: Nach der üblichen Zeit im Bourbonfass Nachlagerung in Oloroso- und Pedro-Ximenez-Fässern. Auchentoshan gehört zusammen mit Glen Garioch und Bowmore zur japanischen Suntory-Gruppe.

STÄRKE ETC./NOTE: **1 2 3 4 5**

AROMA: ....

GESCHMACK: ....

ABGANG: ....

HAND CRAFTED AT THE BAKERY HILL DISTILLERY
BAKERY
HILL
PREMIUM AUSTRALIAN
CLASSIC
MALT
CASK STRENGTH
APPROXIMATELY
STANDARD DRINKS
500
ML
NON CHILL-FILTERED
SINGLE MALT
WHISKY

BAKERY HILL CASK STRENGTH (60,5 %)

AROMA Der volle Name dieses Australiers ist Bakery Hill Cask Strength Classic Single Malt. Der junge, milde Duft nach Honig und Vanilleextrakt steht im ausgewogenen Verhältnis zu einer gewissen trockenen Schärfe. Mit ein wenig Wasser entfaltet sich eine großartige Fruchtigkeit, eine wohlausgewogene Mischung von saftigen Melonen, Mango, Pfirsichen und Litschi und einer Ahnung von Muskatellertrauben, sowie eine würzig-rauchige Schwefelnote, die jedoch rasch verfliegt. Wenn man den faszinierenden Duft ein wenig atmen lässt, schwingt auch eine süße Salmiaknote mit.

GESCHMACK Feurig-kräftig durch den hohen Zucker- und Alkoholgehalt. Ein junger, wohlausgeformter Whisky, der mit ein paar Tropfen Wasser ein angenehmes, fülliges Fruchtaroma entfaltet, das auch auf der Zunge zu spüren ist, wenn auch mit einer leicht herben Schwefelnote.

ABGANG Ein Balanceakt zwischen Gerste, Süße und leicht abnehmendem Feuer. Dann Gerbstoffe und leicht mehliges Getreide. Mit etwas Wasser ein langer, fülliger Abgang mit Früchten und Honig, der den leicht mehligen Geschmack verdrängt. Ein junger Whisky von einer jungen Brennerei, der zehnjährigen bourbongelagerten Schotten den Rang ablaufen kann.

Bakery Hills wird seit zehn Jahren von dem Australier David Baker betrieben. Es gibt dort auch eine getorfte Ausgabe dieses wohlgearbeiteten Maltwhiskys. Der Whisky wird in 50- bzw. 100-Liter-Fässern gelagert und weist daher für sein geringes Alter, das dem Gründungsdatum nach zu urteilen höchstens rund sieben Jahre betragen kann, eine ausgezeichnete Fassreife auf.

STÄRKE ETC./NOTE: **1 2 3 4 5**

AROMA: ....

GESCHMACK: ....

ABGANG: ....

Ballantine's®
The Original
BLENDED SCOTCH WHISKY
FULLY MATURED
FINEST QUALITY
ESTD 1827
AGED 17 YEARS
Geo. Ballantine
PRODUCT OF SCOTLAND
An Exceptionally Smooth and Elegant Whisky
BLENDED & BOTTLED BY GEORGE BALLANTINE & SON LTD
DISTILLERS DUMBARTON SCOTLAND
FINEST QUALITY · FULLY MATURED
70cl
40% VOL

BALLANTINES 17 YEARS (40%)

AROMA Ausgewogen, mild und leicht süß, jedoch recht straff mit leicht nussigem Aroma von Sahnekaramell und getrockneten Früchten.

GESCHMACK Zuerst ein ganz kurzer Anflug von Arrak. Dann cremiger Karamell, bis das Feuer ein herrliches Aroma von braun gebranntem Karamell und frisch gebügelter Baumwolle entfaltet.

ABGANG Verhältnismäßig trocken und straff im Zusammenklang mit nussiger Süße und kein Anzeichen von der sonst oft zu verspürenden Spritigkeit dieses Blends. Stattdessen eine Nussigkeit, die wie ein Rindenboot auf leicht rauchigen Wogen dümpelt.

Ballantines setzt sich überwiegend aus Maltwhiskys von Miltonduff und Glenburgie zusammen. Ein paar stabile Speyside-Malts steuern einen Gutteil der Vanille- und Orangennote sowie malzige, fruchtige Süße bei.

STÄRKE ETC./NOTE: **1 2 3 4 5**

AROMA: ....

GESCHMACK: ....

ABGANG: ....

SINGLE MALT
ESTD 1892
THE BALVENIE®
Distilled at
Distillery, Banffshire
SCOTLAND
PortWood®
EXTRA MATURED IN PORT CASKS
AGED 21 YEARS
From our rare reserves of 21 year old Balvenie, our Malt Master has selected only that whisky which he believes will acquire even greater complexity and depth of flavour from further maturation in Port Casks.
MALT SCOTCH WHISKY
THE BALVENIE DISTILLERY COMPANY, BALVENIE MALTINGS, DUFFTOWN BANFFSHIRE, SCOTLAND AB55 4BB
PRODUCT OF SCOTLAND
40%vol. 40%alc./vol.
700ml e
The Balvenie single malt Scotch Whisky was first distilled on the 1st of May 1893

BALVENIE PORT WOOD 21 YEARS (40 %)

AROMA Salzig-fruchtig, leicht säuerliches Aroma mit dem für Balvenie typischen, malzigen Parfümton im Hintergrund. Ein Hauch von fruchtiger Süße, nach roten Beeren sowie von frisch gebackenen Zuckerkeksen.

GESCHMACK Ein fülliger, angenehmer, runder Geschmack – buttrig, beerig, mit einem Hauch von Butterkeksen, intensiv malzig, ein Aroma von dunkler Konfitüre.

ABGANG Raffiniert-marmeladig, malzig und straff, ohne trocken zu sein – als hätte man einen Cocktail aus Erdbeer-, Schwarzem Johannisbeer- und Kirschsaft auf den Durst getrunken. Ganz hinten im Nachklang ein leichter Hauch von Torfrauch. Wunderbar als Sologetränk oder zusammen mit einem Stück Schokolade oder einer cremigen Zigarre.

Bourbonfassgelagert, gefolgt von sechs bis neun Monaten im Sherryfass.

STÄRKE ETC./NOTE: **1 2 3 4 5**

AROMA: ....

GESCHMACK: ....

ABGANG: ....

ESTD 1892
SINGLE MALT
Distilled at
THE BALVENIE®
Distillery, Banffshire
SCOTLAND
SINGLE BARREL®
MALT SCOTCH WHISKY
from a single cask
AGED 15 YEARS
BOTTLED BY HAND
EACH BOTTLE CARRIES AN INDIVIDUAL DECLARATION
Bottling Date
Cask Number
InCask Date
Bottle Number
CERTIFIED BY THE BALVENIE DISTILLERY
PRODUCT OF SCOTLAND
THE BALVENIE DISTILLERY COMPANY, BALVENIE MALTINGS,
DUFFTOWN, BANFFSHIRE, SCOTLAND AB55 4BB
70 cle
50.4% vol
Bottling Date 20.4.01
Cask No 3394
InCask Date 16.7.84
Bottle No 228

BALVENIE SINGLE BARREL 15 YEARS (50,4 %)

AROMA Ein zurückhaltendes, verführerisches Aroma, das nach einigem Nachdenken Assoziationen an Frühlingsblumen, Äpfel und Puffreis weckt.

GESCHMACK Zuerst trocken und scharf, dann entwickelt sich der für Balvenie typische süße, schwach fruchtige Geschmack, ein flüchtiger Hauch einer runden malzigen Basis.

ABGANG Ein langer ätherisch-malzig-süßer Abgang mit einer schwachen Note von Torfrauch.

Gelagert auf Bourbonfässern, allerdings noch sehr jung, denn früher betrug das Mindestalter 18 Jahre.

STÄRKE ETC./NOTE: **1 2 3 4 5**

AROMA: ....

GESCHMACK: ....

ABGANG: ....

AGED 12 YEARS
THIS RICH, AROMATIC SINGLE MALT
MATURED IN SHERRY WOOD
ESTABLISHED 1898
THE BenRiach
SINGLE MALT
12 YEARS

BENRIACH 12 YEARS (46 %)

AROMA Ein frisches, lebhaftes, rosinenbetontes Aroma mit einer leichten Säure sowie einem Hauch von Torfrauch, Karamellbonbons und Orangenkrokant. Ein sehr liebenswerter Schluck!

GESCHMACK Zuerst leicht schokoladig, gefolgt von malziger Fülle und der feinen Säure von Erdbeermarmelade, vielleicht mit ein paar Schokostreuseln darüber.

ABGANG Zunächst eine reiche, fruchtige Sherrynote, dann saftige Weintrauben und etwas Eichenfassaroma, ein Hauch von Torfrauch und etwas schwach Würziges, möglicherweise Dill.

STÄRKE ETC./NOTE: **1 2 3 4 5**

AROMA: ....

GESCHMACK: ....

ABGANG: ....

Blanton's
STRAIGHT FROM THE
BARREL BOURBON
Dumped on 9-21-12
From Barrel No. 189
In Warehouse H
Rick No.
PROOF
130.6
Alc./Vol.% 65.3

BLANTON'S STRAIGHT FROM THE BARRELL (65,3 %)

AROMA Geradezu warm und gemütlich. Sanftes, trockenes Holz, wie eine sonnenwarme Zigarrenkiste oder eine frisch angewärmte Sauna. Auch eine gewisse säuerliche Schärfe, als würde man auf einem Bleistift kauen. Sodann eine schöne Mischung aus karamellisiertem Zuckergespinst und Vanille, wie knusprige Kekskanten frisch vom Blech. Das Aroma oszilliert zwischen bitter-knusprig und fettigem Vanillekaramell, mit etwas Wasser überwiegt die milde Nuance, die Karamellnote bekommt einen Anflug von Birne und der Duft geht in Richtung Honig und Getreide.

GESCHMACK Ohne Wasser messerscharf. Dennoch ein wunderbarer Geschmack von Arrak, überreifer Banane und Karamellzucker. Voll und beim ersten Schluck wie ein guter dunkler Rum mit einem Einschlag von Nagellack, doch rasch übergehend in den eher erwarteten eichenlastigen Bourbon. Mit etwas Wasser herber im Geschmack, wie frische Eiche und Bienenwachs.

ABGANG Warm, leidlich rund, süß, jedoch eher karamellig als zuckersüß. Eine zarte, herbe Eichennote, zuletzt mit einem Anflug von Getreide.

Meiner Meinung nach einer der allerbesten amerikanischen Whiskeys, mit Körper, Charakter und weit mehr Finesse als die Flaschenform – eine ultrakitschige Mischung aus Handgranate und Lampenfuß – ahnen lässt. Die Coca-Cola-Farbe weist auf die jahrelange Lagerung in ausgekohlten Eichenfässern hin, denn in Amerika werden dem Whiskey keine Farbstoffe zugesetzt. Sammler aufgepasst: Hinter dem Hinterhuf des Pferdes auf dem Flaschenverschluss befindet sich einer der acht Buchstaben des Produktnamens!

STÄRKE ETC./NOTE: **1 2 3 4 5**

AROMA: ....

GESCHMACK: ....

ABGANG: ....

2015-02
(127.4 PROOF)
MASTER DISTILLER
Booker's
The Whiskey in this package is the highest grade bourbon made by me here at Jim Beam. It is uncut and bottled straight from the barrel. My grandfather, Jim Beam liked his whiskey from six to eight years old.
70 cl
124-1425
BOOKER'S

BOOKER'S BOURBON 6 YEARS
(63,35 % „6-8 YEARS, 121-127 PROOF")

AROMA Der Spritduft sticht in der Nase, eine Mischung aus Klebstoff, frischem Mais und frischer Eiche. Dieser schwülstige, vollmundige Bourbon riecht, als hätte man einen Schokoriegel in Kokosflocken gerollt. Eine schwere Terpentinnote in angenehmem Zusammenspiel mit einer saftig-fruchtigen Frische.

GESCHMACK Voll und feurig, abgemildert und ausbalanciert durch ein süßes Aroma von Bourbonmaische.

ABGANG Kokos und Frucht halten sich hier die Waage. Vanille und Eichenholzaromen liegen so sanft auf der Zunge, als würde man einen gekühlten Bounty-Riegel mit einem guten Bourbon herunterspülen …

Eine Rarität aus der Jim Beam-Brennerei. Booker Noe, zu Lebzeiten Fabrikleiter bei Jim Beam, pflegte seine Lieblingsfässer mit seiner Signatur zu kennzeichnen. Booker's Bourbon ist eine Abfüllung aus diesen Fässern und sollte stilgemäß an einem warmen Sommerabend als „Kentucky Ice Tea" mit Wasser und Eis getrunken werden – ein wahrhaft unschlagbarer Longdrink, wunderbar knackig und frisch.

STÄRKE ETC./NOTE: **1 2 3 4 5**

AROMA: ....

GESCHMACK: ....

ABGANG: ....

ESTD 1779
BOWMORE
ISLAY
SINGLE MALT
SCOTCH WHISKY
DARKEST
SHERRY CASK FINISHED
AGED 15 YEARS
700 ml e
DISTILLED AND BOTTLED IN SCOTLAND
43% alc/vol
THE FIRST ISLAY MALT
ESTD 1779
BOWMORE DISTILLERY
ISLAY SCOTLAND
ESTD 1779
BOWMORE
ISLAY
SINGLE MALT
SCOTCH WHISKY
RICH RAISINS AND GENTLE SMOKE LEAD
THE WAY TO A DELICIOUS CHOCOLATY CENTRE
THE FIRST ISLAY MALT
BOWMORE
AGED 15 YEARS
DARKEST
SHERRY CASK FINISHED
BOWMORE DISTILLERY
ISLAY SCOTLAND
DISTILLED AND BOTTLED IN SCOTLAND
THE FIRST ISLAY MALT
Taking its inspiration from Islay, Bowmore's celebrated Single Malt has been distilled on this magical island off the west coast of Scotland ever since 1779. This makes it the first of Islay's eight distilleries by chronology certainly (and by taste too, many would say).
A true reflection of its surroundings, Bowmore Single Malt is widely acknowledged to be among the finest and most perfectly balanced in the world. You can taste Islay's rich peat, salt spray and seaweed-infused breeze in every delicious mouthful.
ESTD 1779
BOWMORE DISTILLERY
ISLAY SCOTLAND

BOWMORE DARKEST (43%)

AROMA Torfrauchig, nach Phenolen, eingebettet in einen intensiven Duftteppich aus süßen Röstaromen und etwas süße Lakritze und einer ganz, ganz feinen Ahnung von Lavendel; dies jedoch ganz im Hintergrund, während der süße Torfrauch dagegen geradezu großflächig an die Lagerhauswand gemalt wurde.

GESCHMACK Überraschend weich nach Rosinen. Der Rauch zieht sich durch diese fruchtige Süße und übernimmt beinahe das Kommando, obwohl das Verhältnis von Torfrauch, Süße und Sherryaroma durchweg ausgewogen bleibt.

ABGANG Zunächst eine süße, karamellige Sherrynote, dann ein Anflug von Lakritz, zunächst in Richtung von schokoladenüberzogenen Lakritzpralinen, bekommt dann aber die Kurve hin zu trockeneren Geschmacksnoten wie etwa Erdnüsse oder Salzstangen, ohne auch nur annähernd in süße, marmeladige Tiefen abzustürzen.

Dieser 15-Jährige ist ein durch und durch erstklassiger, in Sherryfässern gelagerter Islay-Whisky, der die internationale Konkurrenz glatt von der Platte putzt. Obwohl ich normalerweise über Whiskys, die nach Wäscheschrank mit Lavendelduft riechen, die Nase rümpfe, muss ich mich hier dem allgemeinen positiven Urteil beugen.

Der Unterschied zu dieser Perle und der nachfolgenden Empfehlung mit dem Namen Laimrig: Die letzten drei Ausgaben von Bowmore Darkest wurden in Sherryfässern gelagert und sind daher ein wenig lasch. Bei Laimrig jedoch blieb die Fasstärke erhalten, denn er hat nur fünf Jahre in Sherryfässern gelegen.

STÄRKE ETC./NOTE: **1 2 3 4 5**

AROMA: ....

GESCHMACK: ....

ABGANG: ....

PLAIN SPIRIT
BOWMORE
SINGLE MALT
LAIMRIG
AGED 15 YEARS
700 ml e
DISTILLED AND BOTTLED IN SCOTLAND
54.4% alc/vol.
LIMITED RELEASE 11076/15000 BOTTLE NUMBER
THE ORIGINAL ISLAY MALT
SINCE 1779

BOWMORE LAIMRIG 15 YEARS (54,4 %)

Welch eine Überraschung, dieses Etikett im Whiskyregal zu sehen! Die Flasche musste mich selbstverständlich mit nach Hause begleiten. Normalerweise tue ich mich mit der für Bowmore typischen Kombination von Lavendel und Textilpflaster etwas schwer, doch hier ist sie nicht zu finden.

AROMA Sherry und Alkohol überlagern den torfigen Islay-Charakter. Wer einmal das Privileg hatte, in Sherryfässern gelagerten Whisky direkt im Lager aus dem Fass eingeschenkt zu bekommen, kennt diesen Duft. Der Alkoholdunst wird durch etwas Wasser leicht abgemildert und das Fruchtige, Torfige kommt stärker durch. Hier lutsche ich im Geiste steinharte englische Fruchtdrops auf einem mit Blumenstoff bezogenen Sessel in einem geschmacklos eingerichteten Wohnzimmer, in dem der Kohleofen bullert.

GESCHMACK Zuerst fett, sherryartig, marmeladig, dann macht sich auf der Zunge ein kleines Feuer breit. Doch ich schlürfe mich durch die Flammen und lande auf einem weichen Bett aus Eiche und Sherry. Ein wenig sandig, staubig, doch wunderbar rosinenfruchtig mit einem Hauch von Torfrauchphenolen. 15 Jahre Lagerung sind perfekt – etwas länger, und das Sherryaroma wäre zu stark, etwas kürzer, und das Heftpflaster käme durch.

ABGANG Mild, wärmend und viel dunkle, oxidierte Marmelade. Eine angenehme Trockenheit durch die 15 Jahre Lagerung, dann kommen die Tannine etwas stärker durch. Im Hintergrund ein Rückgrat aus Backobst, das bereits deutlichen Sherrycharakter angenommen hat. Bei diesem Whisky muss ich an Islay denken – nicht schlecht, oder!?

STÄRKE ETC./NOTE: **1 2 3 4 5**

AROMA: ....

GESCHMACK: ....

ABGANG: ....

ÅDALEN
SWEDEN
BOX
SINGLE MALT WHISKY
THE HIGH COAST DISTILLERY
THE 2ND STEP
COLLECTION
01
NON CHILL-FILTERED
NO ADDED COLOURING
BOTTLED FEBRUARY 2016
500 ml
CRAFTED AND MATURED ON
THE RIVERBANK OF ÅNGERMANÄLVEN
51,1% vol

BOX THE 2ND STEP COLLECTION 01 (51,1%)

AROMA Ein Duft nach Obst und Antipasti und eine sanfte, leicht staubige, süßliche und eichige Bourbonnote. Dann Orangenlakritz und Ölkreide. Mit etwas Wasser entfaltet sich ein süßer Fruchtcharakter, der an Kinderchampagner erinnert, doch begleitet von einer delikaten, feinen Torfrauchnote mit Phenolen, die das Ganze vergoldet wie einen wohlgelagerten Highland Park.

GESCHMACK Zunächst leicht und jung mit einer gewissen Malzsüße. Dann steigt durch den Alkoholgehalt das Feuer an, kurz darauf dann auch die Süße mit Fruchtkaramell, Birnen und Ananas, und ganz zuletzt präsentiert sich der Torfrauch wie ein diskreter und etwas hölzerner Darsteller. Der Geschmack gewinnt durch etwas Wasser, denn dadurch treten die Fruchtigkeit und das saubere Malzaroma stärker hervor und das Ganze wird ausgewogener.

ABGANG Anhaltender trockener Rauch, der anfangs ein wenig auf fruchtiger Süße verweilt. Zum Ende hin wird diese jedoch von einer sehr schlichten, doch salzigen Note mit einem Hauch von Getreide bescheiden beiseitegefächelt. Mit etwas Wasser ein ansprechender, langer Nachklang nach Süßholz. Sehr solides Handwerk!

STÄRKE ETC./NOTE: **1 2 3 4 5**

AROMA: ....

GESCHMACK: ....

ABGANG: ....

BRUICHLADDICH
PROGRESSIVE HEBRIDEAN DISTILLERS
BRUICHLADDICH
ISLAY SINGLE MALT
BERE BARLEY 2008
WEYLAND & WATERSIDE,
RICHMOND VILLA, SKELBISTER
NORTHFIELD FARMS,
IT IS OUR MISSION TO PURSUE THE ULTIMATE PEDIGREE, PROVENANCE AND TRACEABILITY OF OUR RAW MATERIALS - CHIEF OF WHICH IS OUR BARLEY - AND TO PUSH THE BOUNDARIES OF THE CONCEPT OF TERROIR IN ARTISANAL SINGLE MALT WHISKY.
700ml e
50% vol.
UNPEATED
ISLAY SINGLE MALT
SCOTCH WHISKY
DISTILLED, MATURED AND BOTTLED,
PRODUCT OF SCOTLAND
BERE BARLE 2008

BRUICHLADDICH BERE BARLEY 2008 (50 %)

AROMA Ein spritziges, frisches Vanille- und Bourbonfassaroma steigt mir schon beim Einschenken des goldgelben, aus regionaler Gerste gebrannten Whiskys in die Nase. Eine milde, fruchtige Note, wie Fruchtbonbons mit Ananas- oder Pfirsichgeschmack.

GESCHMACK Durch den hohen Alkoholgehalt recht schroff auf der Zunge, doch dann tritt das Fruchtaroma hervor, umrankt von einer sehr angenehmen Honignote, die ganz allmählich in den Vordergrund tritt.

ABGANG Schwach pfeffrig, etwas Honig und Getreide. Ein minimalistischer Schotte in seiner ganzen jugendlichen Pracht, gebrannt aus einer uralten regionalen Gerstensorte, der sogenannten Bere-Gerste. Diese ist das älteste kultivierte Getreide der Welt, das auch andere Brennereien, darunter Springbank, zu schätzen wissen. Dieser Whisky ist ausschließlich in Duty-free-Shops erhältlich; planen Sie also auf der nächsten Reise mit Flugzeug oder Fähre unbedingt einen kleinen Einkaufsstop mit ein!

STÄRKE ETC./NOTE: **1 2 3 4 5**

AROMA: ....

GESCHMACK: ....

ABGANG: ....

FRONTIER
WHISKEY
DISTILLED AND AGED BY THE BULLEIT
BULLEIT BOURBON
FRONTIER WHISKEY
STRAIGHT BOURBON
Kentucky limestone-filtered water in the

BULLEIT BOURBON (40%)

AROMA Wie ein guter, sorgfältig polierter Wagen – jedoch kein fetter Cadillac, sondern eher ein gut gebauter, namenloser Japaner, solide Wertarbeit, doch wenig Attitüde. In Eiche gesperrte Sahnebonbons. Ein leicht angebrannter Karamellton, ausbalanciert durch eine schwache Alkoholnote; alles in allem ordentlich, kompakt und relativ leicht im Charakter. Dieser Whisky enthält weniger Mais als üblich, dafür jedoch etwa 28 Prozent Roggen; das sind fast doppelt so viel wie die üblichen 15 Prozent.

GESCHMACK Zuerst etwas feurig, dann mit einem schwachen, jedoch deutlichen Einschlag von Butterkaramell. Das Feuer zuerst ansteigend, dann langsam ausklingend. Ein Aroma von Frucht und Vanille, wie Karamellbonbons mit Himbeerfüllung. Zuletzt schlägt der Fasscharakter durch.

ABGANG Zuerst nach Eichenfass, sofort als Bourbon erkennbar. Ganz feine Buttrigkeit, ein Hauch von süßem Roggenbrot. Je mehr ich darüber nachdenke, desto besser ist dieser Whiskey als Einstieg in die Bourbon-Welt geeignet. Bulleit ist gut, unkompliziert und perfekt für warmes Wetter. Fangen Sie damit an und arbeiten sich dann zu einer weniger glatten Sorte wie etwa Blanton's vor.

Dieser Whiskey trägt seinen Namen nicht etwa nach der durch Steve McQueen verkörperten Filmfigur, sondern nach einer Brennerei, die von 1830–1860 Whiskey produzierte. Der Ururenkel des Gründers ließ die Marke 1987 wieder aufleben. Bulleit Whiskey hat einen hohen Roggenanteil und eine Durchschnittslagerzeit von sechs Jahren.

STÄRKE ETC./NOTE: **1 2 3 4 5**

AROMA: ....

GESCHMACK: ....

ABGANG: ....

ESTP 1881
AGED 18 YEARS
Bunnahabhain
ISLAY SINGLE MALT SCOTCH WHISKY
F227000
XVIII
NATURAL COLOUR UN-CHILLFILTERED
MATURED & BOTTLED IN SCOTLAND
Bunnahabhain Distillery Company
Isle of Islay, Scotland.
PRODUCT OF SCOTLAND
46.3%vol

BUNNAHABHAIN 18 YEARS (46,3 %)

AROMA Wie Orangenkuchen mit einem Hauch von Vanille und knusprigem Krokant. Dazu eine weiche Salznote nach Salzstangen, mit einem Hauch von Schwefel aus dem Torfrauch; eine Assoziation mit Schießpulver, doch weniger an den Schwefeldunst der Sherryfässer als an wehmütige Erinnerungen an Islay. Auf alle Fälle duftet es deutlich älter als 18 Jahre!

GESCHMACK Zuerst feurig, übergehend zu Torfrauch, dann zu pfeffrigen Röstaromen und einer dunklen, brotigen Süße. Zunehmend herber Fasscharakter.

ABGANG Ein ausgewogenes Verhältnis von Salz, Gerbstoffen und dunkel geröstetem Malz. Sanft ansteigender Getreidecharakter. Die Gerbstoffe werden kurz dominanter, klingen dann aber etwas ab und es mischt sich ein Kinderstimmchen aus Marzipan in den Chor. Facettenreich und gut, ohne sich einschmeicheln zu müssen.

STÄRKE ETC./NOTE: **1 2 3 4 5**

AROMA: ....

GESCHMACK: ....

ABGANG: ....

ISLAY SINGLE MALT SCOTCH WHISKY
LIMITED EDITION
Bunnahabhain™
ISLAY SINGLE MALT SCOTCH WHISKY
CRUACH-MHÒNA
Since 1881
Batch no. 6
Master Distiller:
NATURAL COLOUR UN-CHILLFILTERED
DISTILLED, MATURED & BOTTLED IN SCOTLAND
The Bunnahabhain Distillery Company
Bunnahabhain, Isle of Islay, Scotland.
1 Litre ℮
PRODUCT OF SCOTLAND
50%vol

BUNNAHABHAIN CRUACH-MHÒNA (50%)

AROMA Jung, feurig, Geschmack nach Heidekräutern, warm, mit einem Touch von Lakritze und Safran, ein Phenolton nach Öljacke sowie allen marinen Assoziationen, die damit einhergehen, etwa dem Geruch von Blasentang.

GESCHMACK Zuerst Erdnuss, dann salzig, dann feurig, doch immer noch salzig. Kräftige Süße mit Anklängen von Zuckerwatte und Salzgebäck.

ABGANG Junger Torfcharakter, dennoch eine ausgewogene Süße und ein Geschmack, der mich zugleich an Knetmasse und an Marzipan erinnert, doch dabei eine sahnige Empfindung, als hätte man soeben einen cremigen Milchschokoladentrüffel gegessen.

Cruach-Mhòna nennt man die Stapel, zu denen der frisch gestochene Torf im Sommer zum Trocknen aufgeschichtet wird. Der Name der Brennerei, Bunnahabhain, bedeutet „Flussmündung". Die Islay-Brennerei bringt gelegentlich Sonderausgaben von sehr ausgeprägtem Torfcharakter heraus, ohne Farbstoffe und Kühlfilterung.

STÄRKE ETC./NOTE: **1 2 3 4 5**

AROMA: ....

GESCHMACK: ....

ABGANG: ....

CAOL ILA™
Distillers Edition™
Brilliant, clean and refined, this golden CAOL ILA DISTILLERS EDITION has a deep, sweet and smoky flavour profile that suggests the intense, saturated colours of late afternoon sunshine after a storm has passed.
Caol Ila Distillery, Port Askaig, Isle of Islay.
43% vol
SPECIAL RELEASE
C - si; 8-472
LIMITED EDITION
Distilled in 2000, Bottled in 2012
ISLAY
SINGLE MALT SCOTCH WHISKY
THE Distillers Edition™
THE Distillers Edition™
CAOL ILA™
ISLAY SINGLE MALT SCOTCH WHISKY
SPECIAL RELEASE
C-si; 8-472
LIMITED EDITION
DOUBLE MATURED IN MOSCATEL CASK WOOD
BOTTLED IN 2012, DISTILLED IN 2000
43%vol
Caol Ila Distillery, Port Askaig, Isle of Islay.

CAOL ILA DISTILLERS EDITION, MOSCATEL (43 %)

AROMA Süß, trocken, wie Früchtekuchen, verzehrt vor loderndem Torffeuer. Aprikosen und Rosinen in malziger, angenehm rauchiger Süße. Und ein wenig Knetgummi.

GESCHMACK Wunderbar weich, füllig, ganz leicht süßlich; übergehend in eine feurige Torfrauchnote, erst zunehmend, dann langsam ausklingend mit ausgewogener Süße und Rauchigkeit. Ein Whisky, den man langsam und mit Bedacht schlürfen sollte.

ABGANG Rauchig, mit leicht nussigem Rum-Rosinen-Aroma, das allmählich in eine süßliche Lakritznote übergeht. Dieser Jahrgang ist eine einzigartige Veredelung eines schon von Haus aus sehr guten Whiskys.

Hergestellt 1998 und abgefüllt 2011. Süßer Sherry und Montilla wird vor allem aus den Rebsorten Muskateller und Pedro Ximenez hergestellt. Der Cryptocode dieser Abfüllung lautet „C-si; 7-471".

STÄRKE ETC./NOTE: **1 2 3 4 5**

AROMA: ....

GESCHMACK: ....

ABGANG: ....

Ichiro's Malt
CHICHIBU
Japanese Single Malt Whisky
THE PEATED
2015
Distilled 2011
CASK
STRENGTH
秩父
Bottle # 4822

CHICHIBU THE PEATED 2011 (62,5 %)

AROMA Rauchig wie ein Torffeuer, mit einem Einschlag von verbranntem Schilf. Eine gewisse Schwefelnote sorgt für einen fleischigeren, rauchigen Grillcharakter, der Schwefel hält sich durchweg auf einem steten und niemals unangenehmen Niveau.

GESCHMACK Trotz des Rauchangriffs auf die Sinne, dem hohen Alkoholgehalt und einer Altersspanne zwischen 2011 und 2015 unerhört weich und ausgewogen. Rauch, Eiche, Würzigkeit und sogar Schokolade und ein Duft nach Geranien. Der Charakter wird durch etwas Wasser milder und weicher und lässt an jüngere, rauchige Cousins aus Islay denken.

ABGANG Heiß, spritig und rauchig, dann rasch übergehend in eine zungenfreundlichere, verführerische Rauchnote und eine süße, weiche Kaskade von Phenolen, deren Eingangsnote sofort an Grillabende denken lässt. Dann ein langer, herber Abgang, in dem Süßholzwurzeln mit Eichenfässern Hand in Hand am Strand entlangschlendern und den Sonnenuntergang bewundern. Ein einzigartiger und ungewohnt guter, junger, rauchiger Whisky!

STÄRKE ETC./NOTE: **1 2 3 4 5**

AROMA: ....

GESCHMACK: ....

ABGANG: ....

CORNER CREEK
RESERVE BOURBON WHISKE
AGED IN NEW AMERICAN OAK
DISTILLED, AGED, AND BOTTLED IN KENTUCKY
BOTTLED BY CORNER CREEK DISTILLING CO.,
BARDSTOWN, KENTUCKY
44% ALC. BY VOL. (88 PROOF)

CORNER CREEK RESERVE BOURBON WHISKEY (44 %)

AROMA Zuerst ein schwacher Duft von sumpfigen Zedernwiesen und alten Büroschubladen. Dann ein massives, jedoch sanftes Vanille- und Karamellaroma. Ich denke schmunzelnd an italienisches Vanilleeis der allerbesten Sorte. Die schwache Harznote im Hintergrund verleiht diesem sahnigen Wunder ein gewisses Rückgrat und unter dem holzigen Überbau ist eine gewisse Fruchtigkeit auszumachen.

GESCHMACK Süß, feurig und dann umgehend strotzend vor Gerbstoffen. Nach ein paar Sekunden geben die Tannine jedoch einer fruchtigen, ganz leicht wachsigen Süße Raum, nach getrockneten Pfirsichen, gebrannter Eiche und einer blumigen, beerigen Note, ganz leicht nach rauchigem Holz, mit einem Einschlag von süßen Orangen. Eine gewisse Säure, die mich ahnen lässt, dass man hier mit dem Roggen nicht gespart hat.

ABGANG Nougat und trockene, gebrannte Mandeln. Straff und elegant mit einer schwach muskatellerartigen, beerigen Note. Zuletzt eine dreistöckige Maischetorte – der Boden aus herber Eiche, die Füllung aus Getreidearomen und der Belag aus süßem, weihrauchigem, rosenverziertem Toffee mit Vanillestreuseln.

STÄRKE ETC./NOTE: 1 2 3 4 5

AROMA: ....

GESCHMACK: ....

ABGANG: ....

70cle
THE
DALMORE
THE
DALMORE™
VINTAGE 2004
AGED 10 YEARS
HIGHLAND SINGLE MALT SCOTCH WHISKY

DALMORE VINTAGE 2004 (46 %)

AROMA Karamellig und leicht süß-säuerlich, an Molkenstreichkäse erinnernd. Der dunkle Farbton wurde hier zweifellos durch Lebensmittelfarbe verstärkt, doch das Aroma ist dennoch unerwartet rund für einen zehnjährigen, in Bourbonfässern gelagerten Whisky. Sein dumpfes, süßes Aroma erinnert an Karamellduft, der durch die Ofentür entweicht, als ob sich im Ofen gebackene Birnen mit weißer Schokolade befinden würden.

GESCHMACK Auch hier die streichkäseähnliche, leicht säuerliche Karamellnote. Zunehmend trocken auf der Zunge, doch Splitterkaramell und dunkle Marmelade sind durchweg angenehm ausgewogen. Die Fülle nimmt mit ein paar Tropfen Wasser noch zu.

ABGANG Eine unmittelbare Fortsetzung des Geschmacks, wobei sich die Karamellnote mit dem Beerenaroma weiterhin die Waage hält, jedoch trockener wird. Ein gewisses Rosinen- und Backobstaroma ist zu schmecken, obwohl dieser Whisky nicht in Sherryfässern gelagert wurde.

STÄRKE ETC./NOTE: **1 2 3 4 5**

AROMA: ....

GESCHMACK: ....

ABGANG: ....

Eagle Rare
SINGLE BARREL
KENTUCKY
STRAIGHT
BOURBON
WHISKEY

EAGLE RARE SINGLE BARREL STRAIGHT BOURBON (45%)

AROMA Aufmachung und Etikett zufolge stammt dieser zehn Jahre alte Whisky aus einem einzigen Fass und weckt daher gewisse Erwartungen an Charakter und Qualität. Auch der Duft spielt hier mit hinein: schwach nach Arrak, intensives Karamellaroma mit Einschlag von gebrannten Mandeln und Nüssen, Etylacetat und eine kampferartige, frische und spritzige Note, die sowohl dem Duft als auch dem Alkoholgehalt zu verdanken sind.

GESCHMACK Zunächst sahnig-weich nach Fruchtbonbon, wird dann aber rasch durch trockene Eiche und feurigen Alkohol ausgeglichen – ein beschleunigtes Geschmackserlebnis, das jedoch den Charakter seiner Einzelkomponenten gut zusammenhält.

ABGANG Zuerst Bittermandel und Walderdbeerbonbons, dann gesellen sich die Tannine hinzu. Kein Zweifel, dass hier das Alter und die sorgfältige Verarbeitung zum Tragen kommen. Sehr erfreulich auch die Vitalität und die Tatsache, dass das Eichenaroma mehr im Hintergrund bleibt als bei so vielen Bourbonkollegen im selben Alter. Ein paar Tropfen Wasser arbeiten diese Reife durch die weiche Arraknote noch weiter heraus. Auch die trockene Gerbsäure steht in einem ausgewogeneren Verhältnis zu den übrigen Geschmackskomponenten. Ein wunderbarer Begleiter an Spätsommerabenden in der Hängematte!

STÄRKE ETC./NOTE: **1 2 3 4 5**

AROMA: ....

GESCHMACK: ....

ABGANG: ....

OUR MASH
AGED
Evan Williams
SINCE 1783
KENTUCKY'S 1ST DISTILLER
Kentucky
STRAIGHT
Bourbon
WHISKEY
DISTILLED IN KENTUCKY, BOTTLED BY OLD EVAN WILLIAMS DISTILLERY, BARDSTOWN, KENTUCKY 40004 • 43% ALC/VOL

EVAN WILLIAMS
STRAIGHT BOURBON WHISKEY (43 %)

AROMA Dominante, weiche und leicht exotische Fruchtnote. Eine Ahnung von Ananas, wie mit weißer Schokolade gratiniert und an den Rändern schon leicht goldbraun gebacken.

GESCHMACK Extrem weich auf der Zunge. Der erste spürbare Charakterzug ist eine eichige, doch immer noch weiche und etwas nussige Karamellnote, nach frischem, saftigem Holz und verbranntem Zedernholz.

ABGANG Elegant ausgewogen, mit den deutlichen Zügen eines gut gelagerten Bourbons, mit einem fein abgestimmtem Aroma von verbrannter Eiche, das ganz entfernt an einen alten Röhrenfernseher erinnert. Eine süße Karamellnote mit einer Ahnung von Vanille und auch ein wenig Zimt. Mit ein paar Eiswürfeln wird dieser weiche Whiskey lieblich und geradezu plüschig – ein wunderbarer Schlummertrunk für laue Sommernächte!

Ähnlich wie in der schottischen Whiskygeschichte nimmt man es auch in der Welt des Bourbon-Whiskeys mit der Wahrheit nicht immer so genau. So war William Evans nicht der erste Whiskeybrenner in Kentucky, was man mit etwas Recherche ziemlich leicht herausfinden kann. Aber schon im 19. Jahrhundert war Werbetext eben Werbetext!

STÄRKE ETC./NOTE: **1 2 3 4 5**

AROMA: ....

GESCHMACK: ....

ABGANG: ....

Four Roses
SINGLE
BARREL
Limited Edition
2013
Release
Barrel Strength
Kentucky Straight
Bourbon Whiskey
70cle
ALC./VOL.

FOUR ROSES SINGLE BARREL 2013 (43,2 %)

AROMA Sehr karamellsüß mit einer komplizierten Mischung von Arrak, Eichenfass, gebranntem Zucker, Lavendel und sogar einer Ahnung von Alleskleber und Graphit. Die ahornsirupbraune Farbe bekräftigt den ausgeprägten Fasscharakter.

GESCHMACK Trocken, füllig und mit zunehmender Eichennote, mit einem Einschlag von Arrak und Holzfass. Trotz des für das Genre doch relativ niedrigen Alkoholgehalts ein deutliches Feuer.

ABGANG Wie auch das Aroma sehr facettenreich. Auf der Grundlage von robuster, schwarz gebrannter Eiche eine Fruchtnote mit einem schwachen Anflug von trockenem Obstsaft, Roggen und Karamellbonbons und einem Tropfen von Dr. Peppers künstlicher, veilchensüßer Zuckrigkeit.

STÄRKE ETC./NOTE: **1 2 3 4 5**

AROMA: ....

GESCHMACK: ....

ABGANG: ....

ESTP
1870
GEORGE
Dickel®
TENNESSEE
SOUR MASH
WHISKY
SUPERIOR
No 12
RECIPE
HAND CRAFTED · smooth sippin'
Distilled & Charcoal mellowed at
George A. Dickel & Co. TULLAHOMA-TENNESSEE
• 45% ALC/VOL
90 PROOF
90 PROOF •

GEORGE DICKEL NO. 12 (45 %)

AROMA Anfangs ein wenig dumpf, wie ein zehnjähriger Whisky von der Insel Jura. Unter dem typisch amerikanischen Whiskeyduft drängt sich eine reine, sahnige Note nach hartem Karamell hervor, mit einem Hauch von Vanille und weicher, gerösteter Eiche.

GESCHMACK Weich auf der Zunge, während sich die Charakterzüge diskret entfalten. Allmählich süßer, mehr nach Buttertoffee mit Vanille und zugleich sehr herb mit zunehmendem, doch leichtem und ausgewogenem Feuer. Schon bald jedoch bricht ein angenehm gediegener, amerikanischer Whiskeycharakter hervor wie Löwenzahn aus dem Asphalt und gibt sich als schwach mineralischer, fülliger Maischewhiskey mit karamelligen und pfeffrigen Zügen und einer herben Note von gebrannter Eiche zu erkennen. Mit etwas Eis leichter und weicher mit Betonung auf den Charakterzügen des Nachgeschmacks und des Abgangs.

ABGANG Viel Buttertoffee und Vanille, dann zunehmend trockener und mit einer feinen Note von Getreidehülsen und dem parfümigen Bonbonaroma der Maische.

Der Nachbar des alten Jack aus Tennessee wird nach derselben Methode hergestellt. Hier wird das Destillat noch zusätzlich durch Ahornkohle gefiltert. Es ist jedoch eine Besonderheit von Dickel, dass die Holzkohlebehälter gekühlt werden – sozusagen das i-Tüpfelchen. Interessanterweise wird Whiskey hier in der schottischen Schreibweise buchstabiert, denn der deutschstämmige Gründer ist ein großer Bewunderer der Schotten und strebt an, es ihnen gleichzutun.

STÄRKE ETC./NOTE: **1 2 3 4 5**

AROMA: ....

GESCHMACK: ....

ABGANG: ....

SMALL BATCH
WILLIAM CADENHEAD
Single Malt
Scotch Whisky
PRODUCT OF SCOTLAND
MATURED IN OAK
DISTILLED AT
GLEN GRANT-GLENLIVET
DISTILLERY
BOTTLED BY WM CADENHEAD · CAMPBELTOWN · SCOTLAND
70cl
46%vol
AGED
15
YEARS
ESTD.

GLEN GRANT 15 YEARS (46 %)

AROMA Diese Abfüllung des Springsbank-Eigners Cadenhead zeichnet sich aus durch intensiven Duft, rundes Litschiaroma und eine spitze Malz- und Honignote und ein Hauch von Pfirsich und Dill.

GESCHMACK Wie von Glen Grant erwartet, malzig weich und süß. Recht neutral, ohne dabei charakterlos zu sein, mit angenehmem Feuer auf der Zunge, gefolgt von einer wohlschmeckenden Mischung aus Malz und exotischen Früchten.

ABGANG Fantastisch, mit intensivem, honigsüßem Malzaroma und einer schwachen Note von gebranntem Fass. Trotz der 15 Jahre in Bourbonfässern hat sich dieser Whisky seinen jungen, widerspenstigen Charakter erhalten. Genau der richtige Drink, um damit eine Whiskyprobe oder das Wochenende einzuleiten oder ihn abends zu einem guten Buch zu genießen!

Diese Abfüllung des wohlbekannten Speyside-Whiskys wurde 1997 gebrannt und 2013 auf Flaschen gezogen. Wenn Sie Springbank in Campbeltown besuchen, schauen Sie unbedingt auch einmal in dem wohlsortierten Cadenhead-Shop vorbei, in dem es neben einzigartigen Whiskys auch Rum zu kaufen gibt, denn die Firma begann 1842 als Rumbrennerei.

STÄRKE ETC./NOTE: **1 2 3 4 5**

AROMA: ....

GESCHMACK: ....

ABGANG: ....

Glen Scotia
AGED 14 YEARS
Peated
CAMPBELTOWN
SINGLE MALT SCOTCH WHIS
PRODUCT OF SCOTLAND / PRODUIT DE

GLEN SCOTIA 14 YEARS (50%)

AROMA Walderdbeeren, Terpentin und mit mehr Luftzufuhr auch deutlicher Torfrauch. Ein scharfes Aroma nach roten Beeren, wie konzentrierter Saft. Die Rauchigkeit ist so deutlich spürbar wie bei einem jungen Islay-Whisky, obwohl es sich hier um einen 14-Jährigen aus Campeltown mit dem ungekämmten, raubeinigen Charme eines Seebären handelt, verschmitzt lachend und die Pfeife schief im bärtigen, wettergegerbten Gesicht.

GESCHMACK Zuerst sanft und vorsichtig rauchig mit einer gewissen Süße. Dann entwickelt sich langsam das alkoholische Feuer und auch die Süße steigert sich langsam. Die vierzehn Jahre Fasslagerung sorgen für eine angenehme Fülle und der trotz allem junge Charakter zeigt sich in dem herben Eichenfassaroma. Das wiederum gibt dem Malzrauch und dem Fasscharakter genug Raum, um sich gegenüber dem Aromacocktail von Torf, Pfeffer, Fruchtkaramell und malziger, fülliger Süße genug Geltung zu verschaffen.

ABGANG Das Aroma von pfeffriger Lakritze, Zartbitterschokolade und roten Beeren lässt ahnen, dass ein Teil dieses Blends in Sherryfässern gelegen haben muss. Dann nimmt der Rauch eine holzige Wendung und erinnert ein wenig an Rauchbier. Im Nachklang eine schokoladige Note mit Anklängen von Weißdorn und Getreide, die es sich auf ungewöhnliche, aber äußerst angenehme Weise auf der Zunge gemütlich macht.

Glen Scotia ist neben Springbank und Glengyle eine der wenigen verbliebenen Brennereien in Campbeltown. In den 1980er- und 1990er-Jahren wenig nachgefragt, befindet sich die Firma seit 2000 unter den neuen Besitzern, Loch Lomond Distillers, wieder im Aufschwung.

STÄRKE ETC./NOTE: **1 2 3 4 5**

AROMA: ....

GESCHMACK: ....

ABGANG: ....

James Allardice
1780 - 1849
INVENTOR, PIONEER, ENTREPRENEUR.
FOUNDER OF THE GLENDRONACH DISTILLERY.
DISTILLED, MATURED AND
BOTTLED BY THE PROPRIETORS
The
GLENDRONACH DISTILLERY
Co LIMITED
SINCE 1826 SINCE
The
GLENDRONACH
ALLARDICE
AGED 18 YEARS
EXCLUSIVELY MATURED IN THE FINEST
SPANISH OLOROSO SHERRY CASKS
Highland Single Malt Scotch
PRODUCT OF SCOTLAND

GLENDRONACH ALLARDICE 18 YEARS (46 %)

AROMA Eine Kombination von exotischen Früchten, Sherry und Wein, jugendlich, jedoch nicht spritig, mit milder, phenolischer Torfnote. Fliederblüten, Apfel-Orangen-Brause und Butterkaramell.

GESCHMACK Süß-fruchtig, vollmundig mit feiner Phenolnote. Dunkle Schokolade, volle, saftige Rosinen. Ohne Wasser kommt der Alkohol stark durch, danach getrocknete Früchte, Rumrosinen mit leichtem Nussgeschmack. Außerdem ein angenehm mildes Weinfassaroma.

ABGANG Was man von einem 18 Jahre in Sherryfässern gelagerten Whisky erwartet – marmeladiges Sherryfassaroma, ausgewogen durch die angenehm herbe Phenolnote. Vom Preis-Leistungs-Verhältnis her eine Perle aus einem Kaugummiautomaten.

Ein fantastischer Whisky mit Torf und Phenolen. Klare Top-Note.

STÄRKE ETC./NOTE: **1 2 3 4 5**

AROMA: ....

GESCHMACK: ....

ABGANG: ....

Glenfarclas®
SINGLE
HIGHLAND MALT
SCOTCH WHISKY
AGED 15 YEARS
DISTILLED & BOTTLED BY J&G GRANT
GLENFARCLAS DISTILLERY, SPEYSIDE, SCOTLAND
PRODUCT OF SCOTLAND

GLENFARCLAS 15 YEARS (46%)

AROMA Ein rundes, ausgewogenes Aroma, zunächst von fruchtig-säuerlichen Rosinen, dann Traubensaft, mit Arraknote und einem Hauch von Cognac, auf einer Grundlage von warmen, milden und leicht holzigen, zuckrigen Fassaromen.

GESCHMACK Malzige, sherrybetonte Fruchtigkeit mit angenehmem Feuer, das die Fruchtnote dennoch nicht verdrängt. Sehr konsequent ohne hervorstechende Eigenschaften. Kraftvoll, malzig, wie Beerencreme mit süßem Röstmalzgeschmack.

ABGANG Eine direkte, frische Sherrynote mit einem Hauch von Torf. Frischer Duft nach getrockneten Früchten, bittere Tannine im Gleichgewicht mit selbst im Abgang cognacartigem Aroma von süßen Trauben.

Ein einzigartiger 15-jähriger Whisky, den man sich nicht entgehen lassen sollte – klassisch im Charakter, ein Aperitif so frisch und klar wie der Herbstwind auf einer Apfelbaumwiese.

STÄRKE ETC./NOTE: **1 2 3 4 5**

AROMA: ....

GESCHMACK: ....

ABGANG: ....

Glenfarclas®
HIGHLAND
SINGLE MALT
SCOTCH WHISKY
AGED 21 YEARS
700ML ℮
43%
DISTILLED & BOTTLED BY J&G GRANT
GLENFARCLAS DISTILLERY, SPEYSIDE, SCOTLAND
PRODUCT OF SCOTLAND

GLENFARCLAS 21 YEARS (43 %)

AROMA Ein massiver Arrakduft, gefolgt von leicht muffigem Torfrauch, saftigen Rosinen, Splitterkaramell und hochpolierten Mahagonimöbeln. Und einem Bissen Nougat. Fantastisch!

GESCHMACK Sehr direkte Pfeffrigkeit und gleichzeitig eine sehr gehaltvolle Note von getrockneten Früchten. Nach einer Weile entfaltet sich das trockene Fassaroma, gestärkt von saftigen Rosinen, wobei die pfeffrige, herbe Fassnote durchweg für das Rückgrat sorgt.

ABGANG Wie der Geschmack erwarten lässt. Nach einer halben Minute wird der Sherry spürbarer und verebbt in einem durchweg angenehmen Nachklang von all dem Besten, was schottische Whiskys zu bieten haben. Sehr lobenswert!

STÄRKE ETC./NOTE: **1 2 3 4 5**

AROMA: ....

GESCHMACK: ....

ABGANG: ....

Glenfiddich
SINGLE MALT
SCOTCH WHISKY
SINCE 1887
15
YEARS OLD
Glenfiddich
SINGLE MALT
SCOTCH WHISKY
15
YEARS OLD

GLENFIDDICH 15 YEARS (40%), EHEMALS „SOLERA RESERVE“

AROMA Fruchtige Kopfnote mit einem Hauch von Milchsäure. Das wunderbar volle Trockenfruchtaroma des Sherrys hält sich die Waage mit der vanillesüßen Bourbonnote.

GESCHMACK Etwas schwächer, als man dem Duft nach erwartet. Sehr fruchtig mit einem scharfen Malzton.

ABGANG Zuerst schwacher Torfrauch, übergehend in eine lange Berg- und Talfahrt durch Fassaroma, Fruchtigkeit und Malz und endlich ausbremsend in ein trockenes, leicht fruchtiges Finale, das bedeutend herber ist, als das Aroma vermuten lässt.

Dieser ambitioniertese Speyside-Whisky wirkt ein wenig wie die Abschlussarbeit eines Whiskydesigners. Er wird zunächst mindestens 15 Jahre in europäischen Sherry- und amerikanischen Bourbonfässern gelagert. Ein kleiner Prozentsatz des Whiskys wird anschließend ein bis mehrere Wochen in frischen, ungebrannten Fässern aus amerikanischer Eiche gelagert, dann mit den beiden anderen Lagerungen zusammen nochmals sechs Monate lang in 15 Kubikmeter großen Fässern gelagert. Das Besondere an diesem Whisky und dem Vorgänger „Solera Reserve“ ist, dass das Fass zu allen Zeiten mindestens halbvoll ist und jede Flasche daher sowohl Spuren des ältesten als auch des allerjüngsten, gerade nachgefüllten Whiskys enthält.

STÄRKE ETC./NOTE: 1 2 3 4 5

AROMA: ....

GESCHMACK: ....

ABGANG: ....

THE GLENFIDDICH DISTILLERY
Glenfiddich
SINGLE MALT SCOTCH WHISKY
SINCE 1887
30
YEARS OLD

GLENFIDDICH 30 YEARS (40 %)

AROMA Zuerst etwas stechend, nach sonnenwarmem Lack , dann ein Wirbel von säuerlicher Feigenkonfitüre, Backpflaumen und getrockneten Datteln, gefolgt von Dill, Nagellack und einem Hauch von Karamell.

GESCHMACK Voll, reich und direkt wie eine geballte Faust. Ein leichtes Arrakaroma, doch vor allem weiche Fruchtigkeit, eine Mischung aus süßen Beeren und leicht exotischen Früchten.

ABGANG Anfangs fruchtiger als die jüngeren Geschwister dieser Familie, dann übergehend ins Trockene, wobei die deutliche Fruchtigkeit sich eine ganze Weile hält. Distinguiert, ausgewogen und vollmundig.

Lagerung zuerst in Bourbon-, dann in Sherryfässern. Die Sherryfasslagerung dauerte hier länger als bei den zwölf und 18 Jahre alten Sorten.

STÄRKE ETC./NOTE: **1 2 3 4 5**

AROMA: ....

GESCHMACK: ....

ABGANG: ....

EST 1887
Glenfiddich®
SINGLE MALT
SCOTCH WHISKY
VINTAGE CASK
A PEATY SINGLE MALT
SELECTED EUROPEAN AND BOURBON VINTAGE CASKS
OUR UNIQUE SOLERA VAT, RESULTING IN A LUXURIOUS
AND AN UNRIVALLED LINGERING VELVETY WHISKY

GLENFIDDICH VINTAGE CASK, PEATED (40 %)

AROMA Junger Rauch mit einer deutlichen, fülligen und bernsteinfarbenen Malzsüße, doch dabei auch ein wenig nach altem, fassgereiftem Islay- oder Jurawhisky. Gebrannte Mandeln und heller Sirup! Streuselkuchen und sorgsam glasierte Rippchen!! Zuckerwatte und angebranntes Popcorn!!!

GESCHMACK Zuerst jung und feurig, dann langsam milder, doch immer noch jugendlich. Ein zunehmendes, karamelliges Malzaroma, gestrafft von Tanninen und einer schwachen, frühreifen Rauchnote.

ABGANG So ungewöhnlich wie ein jugendlicher, rauchiger und außerordentlich ausgewogener Whisky nun einmal ist. Der Rauch wie eine straff aufgepumpte Luftmatratze, auf der es sich die Malzsüße bequem macht, leicht benebelt von dem schwachen Karamellaroma, und dann sanft in einen süßen Traum von Getreide und trockenen Eichenspänen hinüberdämmert.

Dieser Whisky aus dem Hause Glenfiddich kommt mit ungewohnter Pracht daher; die elegante Aufmachung in Blau und Gold scheint wie für den asiatischen Markt konzipiert. Zwar lobt das Etikett die Torfigkeit aus, aber ich wagte es anfangs trotz allem nicht, von den zwar sauber gearbeiteten, doch oft allzu zurückhaltenden Whiskyskulpturen dieser Brennerei allzu große Wunder zu erwarten. Doch da sollte ich mich täuschen: Für einen Glenfiddich ist dies einmal etwas Neues! „Skilfully crafted" sagt das Etikett – und ich kann dem nur zustimmen. Und, dem Himmel sei Dank, nicht so bescheiden, zurückhaltend und geschniegelt wie seine Geschwister!

STÄRKE ETC./NOTE: **1 2 3 4 5**

AROMA: ....

GESCHMACK: ....

ABGANG: ....

The Spirit Drink
that dare not speak its name
BE INFORMED: this is not Single Malt Scotch
solitary years we kept it in oak casks in our coastal
it would be, but we simply couldn't wait. This is Glen
with all the joy, hope and glamour of life before it, a spirit that
as it is perfect. It is beautiful, it is fine, it is
50cl
Distilled and Bottled by Glenglassaugh Distillery Co. Ltd

GLENGLASSAUGH – THE SPIRIT DRINK THAT DARE NOT SPEAK ITS NAME (50 %)

AROMA Zuerst Zitrusaroma und ein Hauch von Lakritze. Diese Kombination zusammen mit dem ungelagerten Alkohol sorgt außerdem für eine chiliartige Schärfe. Für ein Malzdestillat direkt aus dem Brennkessel ist es unerwartet leicht und in keiner Weise ölig, dafür jedoch leicht parfumartig frisch mit runder, würziger Säure.

GESCHMACK Feurig und süß. Der Alkohol gibt sich durch fruchtige Schärfe deutlich zu erkennen. Ein leichtes Birnenaroma lässt beinahe den Eindruck aufkommen, dass es sich hier um ein deutsches Branntweinerzeugnis handelt. Nach ein wenig Schlürfen entfaltet sich ein trockenes Getreidearoma, das den Whisky wieder als solchen definiert.

ABGANG Der Abgang schließt dort an, wo der Geschmack auf der Zunge verklingt, mit Getreide und Spelt, kurz, trocken und doch ausgewogen in all seiner Schlichtheit. Dieser Whisky, der nicht einmal seinen Namen nennen will, ist es durchaus wert, dass man ihn einmal probiert – vor allem im Vergleich zu länger gelagerten Whiskys und als Alternative zum Grappa nach einem guten Essen!

Erschien zuerst 2009 als ungelagerte Variante des konventionell gelagerten Glenglassaugh. Die Brennerei liegt übrigens in Portsoy, einem kleinen Speyside-Ort an der Nordseeküste, in dem auch der Film „Local Hero" gedreht wurde.

STÄRKE ETC./NOTE: **1 2 3 4 5**

AROMA: ....

GESCHMACK: ....

ABGANG: ....

GLEN OF THE WILD GEESE
SINCE 1833
GLENGOYNE
UNHURRIED SINCE
1833
HIGHLAND SINGLE MALT
SCOTCH WHISKY
Larger-than-life warmth, honey and dry cinnamon finish. Perfect after dinner, or frankly, anytime. We distil slower than anyone else in Scotland. Then we mature exclusively in hand-selected sherry casks, for twenty one character-building years.
TRADITION, PRESERVED
ROBBIE HUGHES
DISTILLERY MANAGER
NURTURED THEN MATURED FOR
21 YEARS
NATURAL COLOUR
FROM TIME AND SHERRY CASKS ALONE
70CL | 43% VOL e
DISTILLED, MATURED & BOTTLED BY
LANG BROTHERS LTD, DUMGOYNE, SCOTLAND
PRODUCT OF SCOTLAND
DUMGOYNE
SCOTLAND

GLENGOYNE 21 YEARS (43 %)

AROMA Aus dem Tal der Gänse, wie der gälische Name lautet, kommt dieser gut gelagerte, milde und rauchige Whisky mit öliger, süßlicher Note. Er duftet nach frisch gebackenen Vanillekeksen, viel Karamell, dunklem Sirup und vollreifen Bananen und Melonen und er wirkt vor allem alkoholischer, als er ist.

GESCHMACK Süß, jedoch mit einer deutlichen herben Fassnote. Der feurige Alkoholgeschmack wird zuerst stärker, dann langsam milder und süßer und verhindert letztlich das Abgleiten ins allzu Süße.

ABGANG Süß, jedoch voller Charakter, mit einer gewissen Fruchtigkeit und mit einem Anflug von teigiger Vanille wie – ja, wie ein Vanillekeks auf einem Fruchtcocktail, bestreut mit ein wenig Kristallzucker. Summa summarum ein etwas bissiger Tropfen, der dennoch all die feurige Süße und leichte Fruchtigkeit bietet, die man sich von einem guten Whisky erwartet.

Die Malzbrennerei Glengoyne ist heute dem unabhängigem Abfüller Ian MacLeod Distillers angeschlossen. Früher war dieser Whisky einer der Hauptbestandteile von Famous Grouse. Obwohl sich Glengoyne nur eine halbe Autostunde von Glasgow entfernt befindet und daher von Whiskytouristen gut besucht ist, gilt sie als Hochlandbrennerei.

STÄRKE ETC./NOTE: **1 2 3 4 5**

AROMA: ....

GESCHMACK: ....

ABGANG: ....

GLENMORANGIE
HIGHLAND SINGLE MALT
SCOTCH WHISKY
DISTILLED AND MATURED IN ROSS-SHIRE
PRODUCED IN SCOTLAND
70 cl e
43% vol.
PERFECTED BY THE SIXTEEN MEN OF TAIN
EXTREMELY RARE
SPECIALLY AGED, RARE MALT SCOTCH WHISKY MATURED IN OAK CASKS
18
YEARS OLD
The GLENMORANGIE

GLENMORANGIE 18 YEARS, „EXTREMELY RARE“ (43 %)

AROMA Eine Laube mit Flieder, Holunderblüten und Tulpen. Süße, sahnige Fruchtigkeit, wie Butterkaramell mit Mandelsplittern und Fruchtgeschmack, vielleicht Erdbeeren. Die schwedische Koch-Koryphäe Carl-Jan Granqvist hat so manches Getränk als generös beschrieben, doch die warme Einladung, die uns hier zuteil wird, lässt das Gaumensegel wahrhaft vor Vorfreude erzittern. Hier duftet es tatsächlich nach Rosen! Lokum mit Rosenwasser.

GESCHMACK Zuerst überraschend weich und süß, wie fruchtige Zuckerlake, schnell gefolgt von alkoholischer Feurigkeit, die das herbe Aroma der langen Fasslagerung durchwärmt. Durchweg eine solide Grundlage von Malz und Bourbonfass mit der charakteristischen runden, vollen und etwas teigigen Vanillesüße.

ABGANG Zuerst Bourbonfass und Getreide. Dann eine exotischere Fruchtnote, die sich mit dem Rosenblütenaroma gut verträgt. Nachdem diese flüchtige Aromen verflogen sind, verbleibt ein fein-herber Geschmack nach süßen Früchten. Ein äußerst einladender Duft!

15 Jahre in Bourbonfässern und drei Jahre in Sherryfässern gelagert.

STÄRKE ETC./NOTE: **1 2 3 4 5**

AROMA: ....

GESCHMACK: ....

ABGANG: ....

GLENMORANGIE
HIGHLAND SINGLE MALT
SCOTCH WHISKY
FINEALTA
PRIVATE EDITION
Finealta (Gaelic for 'elegant') is an exquisite recreation of Glenmorangie as it would have been enjoyed in the early 1900s. Created from an original recipe, Glenmorangie Finealta has distinctive vanilla and citrus notes, and layers of rich fruit flavours from part-maturation in Oloroso sherry casks. Lightly-peated malt adds a surprising hint of subtle smokiness and layers of depth to discover.
RECIPE From an original recipe of 1903
BARLEY Lightly Peated
WOOD TYPE American Oak and Oloroso Sherry Oak
MASTER DISTILLER
70 cl e
46% vol.
The GLENMORANGIE
DISTILLERY CO'Y TAIN, ROSS-SHIRE

GLENMORANGIE FINEALTA (46 %)

AROMA Fruchtig, parfümig, eine seltsame Kombination von klebrig-süß, Backobst, leicht torfigen Phenolen und einem Tropfen Klebstoff. Trockene Früchte und Vanille dominieren, der Vanilleduft erinnert ein wenig an Butterkekse.

GESCHMACK Zuerst scharf, vor allem im Vergleich zu anderen Whiskys dieser Marke. Die Schärfe trifft auf eine sahnige Süße mit einem Hauch von Malz und Phenolen, genau wie der Duft vermuten lässt.

ABGANG Zunächst Phenole, die hervorragend mit der Malzsüße zusammenpassen. Nach dem Abklingen übernimmt eine leichte Fassnote, die gleichwohl den roten Faden des Malzaromas beibehält und rasch in einen langen getreidigen, speltigen Abgang überleitet. Ich hoffe, dass er durch stetige Nachfrage ein Dauergast auf unseren Bar- und Supermarktregalen bleibt.

Finealta bedeutet „elegant" auf Gälisch. Das Rezept stammt aus dem Jahr 1903. Die feine Rauchigkeit und die treffliche Fruchtigkeit ist ganz offenbar der Nachlagerung in Olorosofässern zu verdanken. Sehr gelungen, wenn auch ein alter Klassiker, denn nach dem ersten Schluck schwärmte ich bereits in den höchsten Tönen. Ein „guter Whisky" im wahrsten Sinne des Wortes!

STÄRKE ETC./NOTE: **1 2 3 4 5**

AROMA: ....

GESCHMACK: ....

ABGANG: ....

GLENMORANGIE
HIGHLAND SINGLE MALT
SCOTCH WHISKY
MILSEAN
PRIVATE EDITION
EXTRA-MATURED IN
Re-Toasted Wine Casks
Glenmorangie Milsean is a single malt whisky matured in
and then extra-matured in former wine casks, re-toasted
MASTER DISTILLER DR BILL LUMSDEN
70cl e
The GLENMORANGIE
DISTILLERY COY TAIN, ROSS-SHIRE

GLENMORANGIE MILSEAN (46 %)

AROMA Man denkt sofort an milde, frische Eiche und spritzige Minze. Auch deutliche Anklänge von Fruchtdrops und frisch geputzten Erdbeeren. Mit ein paar Tropfen Wasser verändert sich der Duft mehr in Richtung Toffee und die Bourbonnote tritt stärker in den Vordergrund.

GESCHMACK Etwas allzu mild und plüschig, aber dann steigt die Feurigkeit und verleiht dem Whisky Charakter. Der Alkohol verdunstet hin zu honigsüßem Malz und wohlgelagertem, fülligem schottischen Whisky von besten Schrot und Korn – ein Beweis für Glenmorangies Geschick, ein messerscharfes Gleichgewicht zwischen Süße, Malz und herbem Fasscharakter einzuhalten.

ABGANG Zuerst fruchtig-herb, ein wenig nach bitteren Orangen, dann eine sahnige Wendung hin zu einem etwas abgemildertem honigsüßem Aroma von Frühstücksscones mit Whisky und Orangenmarmelade. Und ein allerletzter schwacher Hauch von Getreide.

Milsean – ausgesprochen wie Mild-schen – ist das gälische Wort für Süßigkeiten. Der Whisky wird zuerst in Bourbonfässern gelagert und dann eine Weile in Weinfässern, die dem Geschmack den letzten Kick geben und diesen recht milden, raffinierten Whisky nicht kleinkariert machen, sondern geradezu bonbongestreift.

STÄRKE ETC./NOTE: **1 2 3 4 5**

AROMA: ....

GESCHMACK: ....

ABGANG: ....

GLENMORANGIE
HIGHLAND SINGLE MALT
SCOTCH WHISKY
The
ORIGINAL
DISTILLED
AND MATURED
IN ROSS-SHIRE
PRODUCED
IN SCOTLAND
SINCE 1843
PERFECTED
BY THE SIXTEEN MEN OF TAIN
TEN YEARS OLD
Glenmorangie is renowned the world over for its elegant
and floral spirit; a single malt whisky of exquisite finesse
and alluring complexity. Truly original since 1843.
The GLENMORANGIE
DISTILLERY COY TAIN. ROSS-SHIRE

GLENMORANGIE ORIGINAL (40 %)

AROMA Vanille, Zitrusfrüchte und Ambrosia-Torte – mit Vanillecreme gefüllt. Im Hintergrund Torf und noch süßere Früchte, Dosenpfirsiche, vielleicht schon ein wenig abgelaufen. Das Aroma wird dominiert von Zitrusschale und liegt irgendwo zwischen Sukkade und der Schale frisch gepresster Orangen.

GESCHMACK Zuerst direkte Süße mit ausgewogener Malzigkeit und eine frische Note, die das Ganze etwas anhebt. Etwas Schlürfen bringt das Malzaroma noch deutlicher hervor.

ABGANG Von frisch, fruchtig zu einer trockenen, jedoch immer noch cremigen Zitrusnote. Im Abgang mit einem weichen Butterkaramellaroma mit einem Hauch von Malz um Hintergrund. Ein fantastisches Standardprodukt.

Gelagert im Bourbonfass.

STÄRKE ETC./NOTE: **1 2 3 4 5**

AROMA: ....

GESCHMACK: ....

ABGANG: ....

SIGNET
GLENMORANGIE
HIGHLAND SINGLE MALT
SCOTCH WHISKY

GLENMORANGIE SIGNET (46 %)

AROMA Eine Kopfnote, die mich zuerst an jungen Alkohol und nasses Holz denken lässt. Dann jedoch ein reiches Aroma von verbranntem Zucker, wie mit dem Gasbrenner gemachte Crème brûlée. Auch Backobst, ein bourbonartiges Aroma nach gebrannter Eiche, Nusskrokant und eine Andeutung von staubigem Maisbrand. Vielleicht Dosenmandarinen oder leicht karamelliger Orangenduft.

GESCHMACK Angedeutet im Duft, deutlicher jedoch im Geschmack ein Aroma von Milchschokolade, nicht so dunkel wie bei älteren, im Eichenfass gelagerten Whiskys, sondern mehr nach süßem Kakao. Das liegt an dem Zusatz von Schokoladenmalz, ein stärker gerösteter Malz, der die Farbe und das Aroma von Schokolade annimmt. Daneben kraftvoll nach Eiche und schwach fruchtig. Malziger als Glenmorangie Original, mit einem Hauch von frischen Zitrusaromen.

ABGANG Keksig-malzig und auch hier mit unverkennbarem Schokoladenmalz, der zuerst ganz schwach wie weiße Schokolade daherkommt, dann übergehend in Zuckerwatte mit Malz und trockenen Fassaromen. Ein mittellanger Abgang wie eine Mischung aus Bourbon und schottischem Whisky, abgerundet durch eine trockene Schlussnote. Ein ungewöhnliches, neues Produkt, das man sich näher ansehen sollte.

STÄRKE ETC./NOTE: **1 2 3 4 5**

AROMA: ....

GESCHMACK: ....

ABGANG: ....

THE GLENROTHES
DISTILLERY
THE GLENROTHES
PEATED CASK RESERVE
SPEYSIDE SINGLE MALT SCOTCH WHISKY
alc. 40% vol. 700ml
CHARACTER: Lemon fruitiness, spicy & deliciously smoky
APPROVED:
Malt Master
Distilled and Bottled in Scotland. Berry Bros. & Rudd Ltd, 3 St. James's Street, London
PRODUCT OF SCOTLAND
1879

GLENROTHES PEATED CASK RESERVE (40%)

AROMA Leicht und fruchtig mit einer an Muskatellertrauben erinnernden Parfumnote. Dazu reife Äpfel und Salmiak sowie eine feine Torfnote mit einer Ahnung von Teerpappe und Asphalt, obwohl ich trotz allem finde, dass die Fruchtigkeit überwiegt. Mit etwas Wasser ein trockeneres Aroma nach Salzstangen und ein Geschmack nach Erdnüssen. Was für eine Party!

GESCHMACK Ohne Wasser zuerst sanft und füllig malzsüß, dann rasch übergehend in eine etwas trockenere und ganz leicht pfeffrige Note, mit leichtem Feuer, gegen die sich das süße Fruchtaroma jedoch sehr gut behauptet und insgesamt für Ausgewogenheit sorgt. Dann kommt ganz sachte der Rauch hervor und bringt ein Nussaroma mit sich, das aus dem sonst doch eher süßlich-faden Whisky einen deutlich ansprechenderen Charakter herausmeißelt.

ABGANG Zuerst trocken, dann allmählich süßlicher mit ansteigendem, leicht pfeffrigem Feuer und schließlich mündend in einen getreidigen, immer noch fruchtigen doch zuletzt recht trockenen, nussigen Nachklang.

Diese Glenrothes-Abfüllung ist ein gutes Beispiel dafür, wie ein normalerweise eher einschmeichelnd süßer und stromlinienförmiger Whisky durch einen so winzigen Kniff wie hier die leichte Rauchnote die Geschmacksnerven auf deutlich spannendere Weise kitzeln kann.

STÄRKE ETC./NOTE: **1 2 3 4 5**

AROMA: ....

GESCHMACK: ....

ABGANG: ....

AGED 10 YEARS
HENRY
McKENNA
KENTUCKY STRAIGHT
BOTTLED-IN-BOND
BOURBON WHISKEY
BARREL NO:
1212
EST.
1855
BARRELED ON:
4.1.03
50% ALC./VOL. (100 PROOF)

HENRY MCKENNA 10 YEARS (50 %)

AROMA Ein intensiver, fast überwältigender Duft nach säuerlichem Roggen und erdigem Malz; mehr nach Bier als nach Maische, doch mit der erwarteten knackigen Süße. Und, wie es sich für einen zehnjährigen Amerikaner gehört, ein herbes, raubeiniges Eichenaroma.

GESCHMACK Unmittelbar herb und trocken mit stechendem Feuer, wie ein Stück Habanero-Chili auf der Zunge. Dann langsam übergehend in einen schlankeren Körper mit einer herben Note von Eiche und braun gebranntem Zucker. Auch mit etwas Wasser ist die Chilinote noch deutlich zu spüren, doch der Geschmack wird runder und bringt eine karamellige, füllige Süße mit sich.

ABGANG Eine Mischung von Marzipan und gut gebräuntem Sahnekaramell, ein leicht metallischer Anklang, der zögernd hervorlugt, so trocken und karamellbetont wie ein Bonbonpapier. Mit etwas Wasser etwas parfumiger, jedoch eine Mischung aus extremer Gerbsäure und ein wenig Litschi und Firnis.

STÄRKE ETC./NOTE: **1 2 3 4 5**

AROMA: ....

GESCHMACK: ....

ABGANG: ....

HIGH
WEST
WHISKEY
CAMPFIRE
STRAIGHT RYE WHISKEY, STRAIGHT BOURBON WHISKEY,
BLENDED MALT SCOTCH WHISKY
BOTTLED BY HIGH WEST DISTILLERY
PARK CITY, UTAH AT DSP-UT-15001
XO-2
Batch No.
572
Bottle No.
Not Chill Filtered
46% Alcohol By Volume

HIGH WEST CAMPFIRE (46 %)

AROMA So bemerkenswert wie amüsant: ein mit Bourbon verschnittener Islay-Whisky! Der Duft ist überwiegend amerikanisch, doch eine Basisnote von Salmiak schlängelt sich durch die stabile Barrikade aus erdiger, karamellsüßer Maische, gebrannter Eiche und einer leichten Kopfnote von Alleskleber.

GESCHMACK Zuerst füllig süß, eilt dann jedoch so schnell in Richtung Schottland, wie man sich an einem kalten Novembertag einen Whiskygrog einschenkt, schwenkt dann jedoch zurück in die USA und dominiert mit fruchtigem, honigartigem, geröstetem und leicht parfümiertem Bourbonaroma, gestärkt von einer herben Note von gebrannten Eichenfässern.

ABGANG Herb auf der Zunge, jedoch füllig nach Vanille mit schwacher Fruchtnote. Daneben jedoch auch ein dumpferer Unterton, der ahnen lässt, dass es nicht nur die dichte, brodelnde Maische ist, die diesem Whiskey Charakter verleiht, sondern auch ein Schöpflöffel voll schottischem Malt. Einzigartig und einen näheren Blick durchaus wert. Für den einen eine Promenadenmischung und für den anderen eine wunderbare Begleitung am Lagerfeuer.

STÄRKE ETC./NOTE: **1 2 3 4 5**

AROMA: ....

GESCHMACK: ....

ABGANG: ....

ESTD 1798
PRODUCT OF SCOTLAND
HIGHLAND
PARK
ESTD 1798
SINGLE MALT SCOTCH WHISKY
43%vol
DISTILLED IN KIRKWALL
70cl
AGED 18 YEARS

HIGHLAND PARK 18 YEARS (43%)

AROMA Reich und fruchtig nach Birnenkaramell, getrockneten Aprikosen mit einem Hauch von Orangen.

GESCHMACK Eine zurückhaltende und gut ausgewogene Süße mit fruchtigem Aroma und einer brotigen Trockenheit, die nach und nach das Torfaroma hervorkitzelt.

ABGANG Nach wie vor Torfaroma mit leicht fruchtigen, fast parfümig-blumigen Zügen, die sich um das Torf- und Fassaroma ranken. Komplex und ungewöhnlich variabel in seiner charakterlichen Zusammensetzung. Ein Malt Whisky, mit dem man sich selbst verwöhnt – und einer der besten Tropfen, um damit Neulinge zu überzeugen.

Zu 45 Prozent in neuen Fässern gelagert.

STÄRKE ETC./NOTE: **1 2 3 4 5**

AROMA: ....

GESCHMACK: ....

ABGANG: ....

AGED 40 YEARS
HIGHLAND PARK SINGLE MALT SCOTCH
There is honesty in Highland Park.
glass. It's not about fashion, trends or
enduring belief and integrity, to the
HIGHLAND PARK
AGED 40 YEARS
DISTILLERY MANAGER
WHISKY MAKER
48.3% Vol.
SINGLE MALT SCOTCH WHISKY
70cl

HIGHLAND PARK 40 YEARS (48,3 %)

AROMA Nasses Holz, hauchdünn an der Grenze zur Überlagerung, doch noch genug Spannkraft, um nicht müde zu wirken. Cognacartige Fruchtigkeit. Ein paar Tropfen verdrängen den beunruhigenden Holzton und lassen die Fruchtigkeit besser herauskommen.

GESCHMACK Fruchtige Süße mit einem Kern aus Torfrauch, hier deutlicher spürbar als bei der zehn Jahre jüngeren Variante. Dieser Whisky ist so samtweich, dass man ihn ohne viel Drumherum selbst im Orient verkaufen könnte. Süße Früchte und deutlicher Torfrauch in einem sehr ansprechenden Mischungsverhältnis.

ABGANG So vollmundig, dass er fast auf der Zunge klebt. Zuunterst Torf, dann süße Trockenfrüchte zusammen mit frischen grünen Äpfeln, angebrannten Vanillewaffeln und noch mehr Torf, ausklingend in einem herbsüßen, zart fruchtigen Sehnsuchtsseufzer. Ganz klar einer der 101 Whiskys, die man einmal getrunken haben muss. Solch ein Whisky braucht eigentlich gar keine Werbung!

Das deutlichere Torfaroma dieser Whiskys zu Beginn des 21. Jahrhunderts erklärt sich daraus, dass das Mälzen nur bis Ende der 1970er-Jahre ausschließlich in der Brennerei stattfand. Damals war der Malz außerdem torfrauchiger als später. Heute mälzt Highland Park nur noch ca. 20 bis 25 Prozent selbst, der Rest wird zugekauft.

STÄRKE ETC./NOTE: **1 2 3 4 5**

AROMA: ....

GESCHMACK: ....

ABGANG: ....

HUDSON
FOUR GRAIN
35 cl 46% alc/vol
Pot-Distilled From Corn,
Rye & Malted Barley
Hand Crafted and
Tuthilltown Spirits, Gardiner,
STIL

HUDSON FOUR GRAIN BOURBON (46 %)

AROMA Lack, Marzipan und geröstetes Roggenbrötchen! In Butter gebräunte Haselnüsse? Eine schwache, parfümige Note von jungem Maissprit. Gebrannter Zucker. Das alles nicht ganz im Zusammenklang, aber sehr ansprechend! Die Aromen brodeln leise vor sich hin wie eine schwach köchelnde Karamellsauce, aus der immer wieder Bläschen aufsteigen und beim Aufplatzen einen Wohlgeruch nach dem anderen entlassen.

GESCHMACK Jung und feurig, doch trotz allem mit guter Fülle. Nach und nach kommt honigsüßer Gerstenmalz und leicht herber Roggen zum Vorschein. Dann auch eine leichte, weingummifruchtige Maischenote. Der Weizenduft verschwindet meiner Ansicht nach jedoch unter den schwereren Aromen der anderen Getreidesorten.

ABGANG Zuallererst nach Himbeerlakritz, dann einer herbere Note, die rasch abflaut und an die milde Bitterkeit von frischem Salat erinnert, mit einem leichten Honigton im Hintergrund. Sehr spannend in all seiner Explosivität.

Der Whisky vom Ostufer des Hudson im US-Bundesstaat New York wird von La Maison du Whiskey nach Europa importiert. Tuthilltown Spirits ist der erste Whiskeyproduzent in New York seit der Zeit der Prohibition – oder zumindest der erste offizielle. Er wird in klassischen Brennkolben gebrannt, die Rezeptur setzt sich aus Roggen, Weizen, Mais sowie gemälzter Gerste zusammen. Und obwohl der Whiskey nur in 35 cl-Flaschen angeboten wird, lohnt sich das Probieren!

STÄRKE ETC./NOTE: **1 2 3 4 5**

AROMA: ....

GESCHMACK: ....

ABGANG: ....

JACK DANIEL'S
Nº 27
GOLD
DOUBLE BARRELED
Tennessee
WHISKEY
Extra Matured IN MAPLE BARRELS
EVERY DROP Double Mellowed
IN LYNCHBURG, TENNESSEE, USA
70cl 40% Vol.

JACK DANIEL'S NO. 27 GOLD (40 %)

AROMA Dieses Gerstengold duftet nach den guten, alten, aus Sirup und Sahne gekochten Lutschbonbons. Ein leichtes Aroma mit Assoziationen von gerösteter Eiche, Sahnekaramell und ein wenig Kokos. Mit Eiswürfeln entfaltet sich eine parfümige Pracht und das Ganze wird etwas trockener im Geschmack.

GESCHMACK Welch ein dessertsüßer, herrlicher Kontakt mit der Zunge! Weich und mild nach heißem Holz und Sahnekaramell mit einem Einschlag von gebrannten Mandeln, Vanille und einer winzigen Andeutung von Feuer.

ABGANG Nach geröstetem Holz, doch so ausgewogen nach Pecannüssen und Schoko-Sahnekaramell, dass das Ganze nicht im Likörsumpf endet. Vergleichen Sie diese Ausgabe mit Jack Daniel's Old No. 7, der deutlich mehr Feuer hat, aber ein wenig dünner ist als diese gehaltvolle Schönheit.

STÄRKE ETC./NOTE: **1 2 3 4 5**

AROMA: ....

GESCHMACK: ....

ABGANG: ....

JAMESON
Established
Since 1780
SINE METU
BLACK
CHARRED FOR A RICH SMOOTH TASTE
BARREL
Triple Distilled
IRISH WHISKEY
40% vol.
THE BOW ST. DISTILLERY
DUBLIN 7, IRELAND
700 ml e
JOHN JAMESON & SON LIMITED
JJ&S
John Jameson & Son

JAMESON SELECT RESERVE/BLACK BARREL (40%)

AROMA Sehr weich, sanfte Wärme und karamellige Fülle, jedoch ohne Vanillearoma. Ein Anflug von cremigen Schokoladentrüffeln und das für viele irische Whiskeys so typische Aroma von Schwarzen Johannisbeeren, das hier eher konzentrierten Rohsaft als ganze Beeren heraufbeschwört.

GESCHMACK Zuerst fast milchig, dann schwach feurige und später weiche Malzsüße. Im Hintergrund der typisch irische Bourbonfasscharakter mit Schwarzen Johannisbeeren, doch gut eingebettet in ein massives, weiches und überaus einladendes Karamellaroma.

ABGANG Das zuerst leicht an Heidekräuter erinnernde Karamell steuert auf ein sahnigeres Finale zu, in dem die Kopfnote von etwas säuerlicherer Karamellsauce in ein schwach beeriges Finale mit einem Hauch von Getreide übergeht. Facettenreich und gut ausgewogen.

Dieser Whiskey trägt je nach Markt verschiedene Namen. Er ist ein Verschnitt aus Pot Still Whiskey und Corn Whiskey, gelagert sowohl in Bourbon- als auch Olorososherryfässern.

STÄRKE ETC./NOTE: 1 2 3 4 5

AROMA: ....

GESCHMACK: ....

ABGANG: ....

JEFFERSON'S
OCEAN
AGED AT SEA
KENTUCKY STRAIGHT
BOURBON WHISKEY
VERY SMALL BATCH
45% ALC./VOL. (90 PROOF) • 750ML

JEFFERSON'S OCEAN (45 %)

AROMA Ananas, Sahnekaramell, leichte Johannisbeersäure, süßer, fülliger Ester, Himbeeren und ein ebenso korpulenter Duft einer frisch geöffneten Tüte Karamellkonfekt.

GESCHMACK Sehr ausgewogen. Das weiche Gefühl auf der Zunge gibt in den ersten ein, zwei Sekunden nichts Herausstechendes frei. Dann allmähliche eine sanfte Eichennote im ausgewogenen Verhältnis zu dumpfer Pomeranze, Mango, Mineralien und Nusskrokant. Mit Eiswürfeln sollte man es hier nicht übertreiben, denn obwohl der Whiskey dadurch fruchtiger wird, wird doch dabei der Charakter ganz erheblich verwässert.

ABGANG Trocken und knackig, übergehend zu mehr Marzipan und Erdbeeren mit einer zugrunde liegenden trockenen Fassnote. Ein seegelagerter Whiskey, gewiss, aber so ausgewogen, dass er mindestens den letzten Teil der Reise mittschiffs verbracht haben muss …

Ein Whiskey, nach dem es sich lohnt, das Netz auszuwerfen. Er erhielt seinen Namen nach einem gewissen alten Herrn, seines Zeichens amerikanischer Präsident, der seinerzeit eine kleinflächige Whiskeyindustrie anordnete. Auch Jefferson's ist im kleinen Stil gehalten, ohne eigene Brennerei, doch mit einer ausgezeichneten Nase für den Verschnitt von Bourbon und Rye. Ich jedenfalls habe noch nichts mit diesem Etikett gefunden, das es nicht wert gewesen wäre, es noch einmal zu kaufen!

STÄRKE ETC./NOTE: **1 2 3 4 5**

AROMA: ....

GESCHMACK: ....

ABGANG: ....

JEFFERSON'S
STRAIGHT RYE WHISKEY
AGED 10 YEARS
100% RYE

JEFFERSON'S STRAIGHT RYE WHISKEY (47 %)

Mike's Whiskyladen in München, genannt „Der Lampenladen", ist das Mekka für Bourbon-Liebhaber. Dort geht es so schräg zu wie es klingt, denn der Inhaber ist zwar gebürtiger Deutscher, aber im Herzen Südstaatler – und so tritt er auch auf: mit Cowboystiefeln, Karohemd, Stetson-Hut und eindrucksvollem Schnauzbart. Im „Lampenladen" gibt es die ganze Palette von preiswerten bis hin zu teuren und exklusiven Bourbon-Raritäten, wobei dieser hier im Mittelfeld liegt.

AROMA Der Whiskey hat ein einladendes Aroma nach frisch geröstetem Roggenbrot mit Aprikosenmarmelade und einem Einschlag von Milchschokolade – wahrlich eines der ansprechendsten Whiskeyaromen, die mir seit Langem begegnet sind. Rein und frisch mit einer sehr generösen Note, zusammengesetzt aus dem Aroma der verwendete Rohstoffe und Assoziationen von Frucht, Vanille und gerösteter Eiche.

GESCHMACK Auch auf der Zunge sehr reich und frisch-fruchtig, mit einem Einschlag von Eiche. Beim zweiten Schluck eine honigsüße, füllige Malznote mit etwas Schoko-Sahnekaramell und eingelegten Kirschen.

ABGANG Beerig-fruchtig mit leicht herbem Roggenaroma, das recht schnell abflaut, doch angenehm trocken auf der Zunge liegt, ein wenig wie der Nachgeschmack von Salmiak, jedoch ohne dessen aggressive Salzigkeit, und Hand in Hand geht mit einer tropenfruchtsaftartigen Note. Auch ein leichter Anflug von Schokolade ist zu spüren. Wie viele andere Roggenwhiskeys passt auch dieser sehr gut zu einer fruchtigen, dunklen westindischen Schokolade. Gehen Sie also einfach einmal mit Jefferson auf Expedition in die Karibik!

STÄRKE ETC./NOTE: **1 2 3 4 5**

AROMA: ....

GESCHMACK: ....

ABGANG: ....

JIM BEAM
JIM BEAM B SINCE 1795
SIGNATURE CRAFT
James B. Beam
SMALL BATCH
KENTUCKY STRAIGHT
BOURBON WHISKEY
aged for:
12 YEARS
ALC. 43% VOL.
1 LITRE OF KENTUCKY'S FINEST
35-G200 ES

JIM BEAM SIGNATURE CRAFT (43 %)

AROMA Der Duft ist intensiv karamellsüß mit einer trockenen, mineralischen Note. Außerdem blumige Aromen, wie zu einer dicken Sauce reduziert, oder wie ein Potpourri aus Nusskaramell, Rosen und Fruchtgelee, überschattet von gebranntem Holz, stickig wie der Rauch verbrannter Eiche und weich wie sonnenwarme Hartfaserplatten. Flott und ausgewogen und sehr typisch für einen Bourbon.

GESCHMACK Weich auf der Zunge, straff mit großzügiger Nusskaramellnote mit einem Unterton von Sahnekaramell und alkoholischem Feuer. Für einen zwölf Jahre alten amerikanischen Südstaatler ziemlich leicht. Nach ein paar Zügen nimmt der Karamellcharakter nussigere, krokantige Züge an.

ABGANG Ein Anflug von Veilchenpastillen und eine trockene Eichennote auf der Zunge, die bezeugt, dass dieser Whiskey ein gewisses Alter hat. Diese Trockenheit liegt auch nach ein paar Minuten noch wie feines Sandpapier auf der Zunge, zusammen mit einer veilchenartigen Karamellnote.

Diese Duty-free-Ausgabe von Jim Beam ist eine Überraschung, denn das Alter hat ihm nicht nur Charakter gegeben, sondern auch seine Ausgewogenheit und Spannkraft erhalten. Ein Whiskey aus wohlausgewählten Fässern, der seinen Platz in einer gut sortierten Whiskeysammlung durchaus verdient hat!

STÄRKE ETC./NOTE: **1 2 3 4 5**

AROMA: ....

GESCHMACK: ....

ABGANG: ....

BY APPOINTMENT TO HER MAJESTY THE QUEEN
SCOTCH WHISKY DISTILLERS
JOHN WALKER & SONS LIMITED, LONDON
JOHNNIE WALKER
Blue Label
BLENDED SCOTCH WHISKY
DISTILLED, BLENDED AND BOTTLED IN SCOTLAN
JOHN WALKER AND SONS LIMITED
A BLEND OF OUR RAREST WHIS

JOHNNIE WALKER BLUE LABEL (40 %)

AROMA Mild, wie es sich für einen Luxusverschnitt gehört, und mit Zügen von exotischen Früchten wie Litschi sowie einem deutlichen Aroma von wohlgelagertem Malzwhisky, wo sich allein der Malz aus der süßen Getreidenote heraushebt.

GESCHMACK Malzwhiskysüß, mit derselben süßen, leichten und fruchtigen Note wie der Duft und mit einer ansprechenden Fülle. Alkohol, zartes Rosinenaroma und ein leichter Anflug von Nussigkeit und Malzsüße halten sich hier die Waage.

ABGANG Zuerst nussig und wärmend, dann übergehend zu Rosinen und Salzstangen. Ein Finale mit Kandiszucker und mit finaler Getreidenote, wie weich gemälzte, feuchte Weizenkeime.

Hergestellt nach Art eines Verschnitts aus dem 19. Jahrhundert, hieß dieser Whisky 1987 zunächst „Oldest" und wurde 1992 für den Verkauf in Großbritannien umbenannt in Blue Label. Die Rezeptur enthält 7 bis 15 verschiedene Maltwhiskys. Die ältesten davon sind wirklich uralt, und nur ca. 5bis 10 % davon sind Grainwhiskeys. Unter den Sorten befinden sich mit Sicherheit alter Cardhu, Mortlach, Caol Ila und wohl auch ein paar Tropfen der 1927 stillgelegten Lowland-Brennerei Auchtertool – wahrhaft auf Flaschen gezogene Whiskygeschichte!

STÄRKE ETC./NOTE: **1 2 3 4 5**

AROMA: ....

GESCHMACK: ....

ABGANG: ....

BY APPOINTMENT TO HER MAJESTY THE QUEEN
SCOTCH WHISKY DISTILLERS
JOHN WALKER & SONS LIMITED, LONDON
JOHNNIE WALKER®
PLATINUM
LABEL™
BLENDED SCOTCH WHISKY
BOTTLED IN SCOTLAND
JOHN WALKER & SONS - ESTABLISHED IN KILMARNOCK 1820

JOHNNIE WALKER PLATINUM LABEL 18 YEARS (40 %)

AROMA Ein leicht parfümiger Duft mit Anklängen von Nougat, Ananas und ein wenig Salz. Elegant.

GESCHMACK Nach Bourbonfass, anfangs nach schwarzen Johannisbeeren und Petroleum, dann ein fülliges, leicht pfeffriges Nussaroma. Im Hintergrund eine salzige Rauchigkeit, anfangs nach Salzstangen, später mehr erdnussig, auslaufend in einem schwachen, aber stabilen Grundton von Islay-Whisky.

ABGANG Zuerst eine bierartige Getreidenote, dann eine honigsüße Note, die langsam abflaut und allmählich trockener wird. Kurz vor dem nächsten Schluck entfaltet sich ein Nussaroma mit einem schwachen Anklang von Süßholz.

STÄRKE ETC./NOTE: **1 2 3 4 5**

AROMA: ....

GESCHMACK: ....

ABGANG: ....

JURA™
DIURACHS' OWN
AGED 16 YEARS
SINGLE MALT SCOTCH WHISKY
70cl ℮ Rich & Full-Bodied 40% vol

JURA DIURACHS' OWN 16 YEARS (40 %)

AROMA Auch dieser Whisky kommt wieder mit Juras typischer Muffigkeit daher, wie ein nasser Terrier, der sich mit Havarti vollgefressen hat. Doch ich liebe das. So ein nicht ganz gesellschaftsfähiger Whisky hat doch einen ganz eigenen Charme. Nachdem der Hund sich getrollt hat, kommt dahinter eine schwache Süße zum Vorschein, und seltsamerweise ein minzefrischer Anflug von Toffee. Mit Wasser vollzieht sich eine geradezu revolutionäre Wendung – die Muffigkeit lockert sich auf wie Morgennebel und der Sonnenaufgang kommt mit einer bourbonfassigen Note von Schwarzen Johannisbeeren daher.

GESCHMACK Etwas weniger nach Hund und nach Art des Hauses mit malziger Süße, einer ganz feinen Ahnung von Buttertoffee und umso mehr fruchtig-herbem Fasscharakter, übergehend zu einer pfeffrigen Note, die Hand in Hand mit dem anfänglichen muffigen Aroma daherkommt.

ABGANG Ein Windhauch von rauchigem, holzigen Parfum, bevor die Tannine herbeischweben und das Ganze in eine ausgewogene Mischung von Pfeffer, Getreide und süßlicher Wärme verwandeln.

STÄRKE ETC./NOTE: **1 2 3 4 5**

AROMA: ....

GESCHMACK: ....

ABGANG: ....

KAVALAN
SINGLE MALT
WHISKY
KA
VA
LAN
SINGLE MALT
WHISKY
40%Vol.
700ML

KAVALAN SINGLE MALT WHISKY (40%)

AROMA Kompakt, jedoch mild. Es dominiert ein ausgewogenes Aroma von karamellisiertem Zucker; wie gut gemachter Sahnekaramell mit Kokosflocken. Auch ein Hauch von Litschi sowie von mit Mangokonfitüre gefülltem Marzipan. Ein federleichter Anflug von salzigem Rauch, den ich mit den Farben des Meeres und insbesondere Smaragdgrün assoziiere. Spannend, komplex und nicht allzu alt.

GESCHMACK Sehr weich und diskret. Hart an der Grenze zur Wässerigkeit, doch immer noch mit Sherryaroma, das mit einem winzigen, doch robusten hauch von Buttertoffee um die Vorhand kämpft – Toffee gewinnt. Leicht zunehmende Feurigkeit, dann ein gut ausgereiftes ausgewogenes Eichenaroma mit weicher Nussschokolade.

ABGANG Eine passable, direkte Sherry-Kopfnote, dann ein mittellanger Abgang mit schwachen Getreidenuancen und wärmeren Aromen von Nüssen und Rosinen, ein winziges Körnchen Lakritz. Ich kann – wie zahlreiche Whiskykenner vor mir – bestätigten, dass dieses Produkt Taiwan nachdrücklich auf die Whiskykarte gesetzt hat.

Es handelt sich hier um einen Standard-Malt der King Car Distillery. Es gibt weitere Kavalan-Varianten, entweder in Fino-Sherry- oder Bourbonfässern gelagert, beispielsweise die Single-Cask-Abfüllung der Serie Kavalan Solist.

STÄRKE ETC./NOTE: **1 2 3 4 5**

AROMA: ....

GESCHMACK: ....

ABGANG: ....

100% ISLAY RELEASE
UNIQUELY ISLAY
KILCHOMAN
Islay's Farm Distillery
SINGLE MALT SCOTCH WHISKY
NON CHILL FILTERED & NATURAL COLOUR
John MacLellan
DISTILLERY MANAGER
UNIQUELY ISLAY
100% ISLAY
DISTILLED, MATURED AND BOTTLED BY KILCHOMAN DISTILLERY
FARM

KILCHOMAN 100% ISLAY (50%)

AROMA Seltsam, wonach ein Whisky duften kann – hier zum Beispiel ist es Mandelkuchen und Zigarettenasche! Dazu eine holzkohleartige Rauchnote von der gebrannten Eiche, begleitet von einer blumigen und malzigen Süße nach intensiv krautigem, frischen Eichenholz.

GESCHMACK Direkt nach Torfrauch, mit einer gewissen Schärfe. Anfangs keine besonders runde Süße, doch nach ein paar Sekunden Schlürfen entfaltet sich eine so zarte wie wärmende süße Note, füllig und leicht nach Honig. Mit etwas Wasser erdnussig in Duft und Geschmack. Deutlich fülliger, süßer und rauchiger.

ABGANG Zuerst ein Balanceakt zwischen Süße, breitem, gutem Torfrauch und ein wenig Getreide. Dann weicht die Süße allmählich einem herben Nachgeschmack nach Süßholz. Wie es sich gehört, wurde dieser Whisky in sorgsam ausgewählten Fässern gelagert, die löblicherweise nur ein- bis zweimal verwendet werden. Dies ist ein klarer, wohlgearbeiteter rauchiger Islay-Whisky von der kleinen Brennerei Kilchoman, „Islay's farm distillery"!

STÄRKE ETC./NOTE: 1 2 3 4 5

AROMA: ....

GESCHMACK: ....

ABGANG: ....

KNOB CREEK
Hand-crafted in limited quantity for superior taste & smoothness.
KNOB
CREEK®
straight RYE WHISKEY
SMALL batch
patiently aged
70cl ALC. 50% VOL.
straight RYE WHISKEY

KNOB CREEK RYE (50 %)

AROMA Trockener Marmorboden, Sahnekaramell, Zuckerlake, saftige Kirschen, eine Prise Muskat und ein Spritzer Etylacetat. Facettenreich und erdig, ungewöhnlich voll und rund im Aroma für einen Rye-Whiskey, der sonst zu herber Strenge tendiert.

GESCHMACK Zuerst süß und füllig, dann zunehmend feuriger, zuerst nach Sahnekaramell, dann eine herbe Pfeffrigkeit, die buchstäblich das Wasser im Mund zusammenlaufen lässt. Die zunehmend ausgeprägte Getreidenote übertrumpft zeitweise das Maischearoma, sodass man an malzigere Whiskysorten erinnert wird.

ABGANG Herb nach Eiche und Roggen, dann eingeholt von einer reellen Süße, die dann eine beinahe an schottische Whiskys erinnernde Getreidenote annimmt. Zuletzt ein strafferes, getreidebetontes Finale. Als i-Tüpfelchen ein Anflug von Lakritzbonbon. Kurz – er mundet, wie man so schön sagt.

STÄRKE ETC./NOTE: **1 2 3 4 5**

AROMA: ....

GESCHMACK: ....

ABGANG: ....

Phare des Héaux
KORNOG
Né par le feu, élevé par le vent
SINGLE MALT TOURBÉ
WHISKY BRETON
Celtic Whisky

KORNOG (46 %)

AROMA Krautig und mit einem bonbonigen, schwach schwefeligen Rauch, irgendwo an der Grenze zwischen zuckersüß, leicht geröstetem Malz, salzsüßer Lakritze, Barbourjacke und fettigem Schießpulver. Was für ein Duftcocktail!

GESCHMACK Hinlänglich füllig und trocken mit ziemlich heftiger Alkoholnote, die jedoch nach etwas Schlürfen allmählich abnimmt. Mehr Feuer und Malz als Torfrauch. Zuletzt eine gewisse pfeffrige Getreidenote.

ABGANG Weißer Pfeffer, trocken mit angenehmem Sahnekaramellaroma. Wenn Malz und Feuer abflauen, straffe Gerbsäure mit etwas Getreide und schwacher Süße. Ein gut gearbeiteter Franzose! Charaktervoll, ohne dabei al zu wild herumzufuchteln.

Die Brennerei Glann an Mor liegt in der Bretagne und produziert neben Kornog auch Whisky unter dem Eigennamen Glann an Mor. Dem Etikett ist unter anderem zu entnehmen, dass es sich hier um einen traditionell hergestellten, getorften Whisky handelt, der nicht künstlich nachgefärbt wurde. Nach der Maischegärung in Holzbehältern in kleinen Brennblasen auf offenem Feuer gebrannt, wurde Kornog anschließend in altmodischen Kühlspiralen kondensiert. Kein Wunder also, dass das Endergebnis derart gut ist!

STÄRKE ETC./NOTE: **1 2 3 4 5**

AROMA: ....

GESCHMACK: ....

ABGANG: ....

KOVAL
SINGLE BARREL
WHISKEY
Millet
DISTILLED IN CHICAGO
40% vol 500ML

KOVAL MILLET (40 %)

AROMA Ein munterer Duft nach frischen, ätherischen Ölen mit einem Anflug von Minze, Geranien, weißem Pfeffer und ein wenig Bittermandel. Ein Dufterlebnis, das mit seinem Bukett von Curry, Kreuzkümmel, Weihrauch und aromatischen Salben an einen asiatischen Kräuterladen denken lässt.

GESCHMACK Zuerst eine süße Lakritznote, übergehend zu Litschi und ein wenig mehr Kräuterladen, dabei zunehmend trockener auf den Zunge. Eine leicht exotische Fruchtigkeit, möglicherweise ein wenig Mango, ein Stückchen Pfirsich und eine angenehme Hitze nach weißem Pfeffer. Ein wenig Eis bringt jene Charaktereigenschaften stärker hervor, die diesen Whisky von allen anderen unterscheidet. Zu empfehlen!

ABGANG Das anfangs vollmundige, bourbonartige Aroma macht rasch einer gerbsäurehaltigen Hitze auf der Zunge Platz und mündet in einem feinherben Finale nach Sahnekaramell.

Noch ein Whiskey aus einer jungen, kleinen Brennerei. Ungewöhnlicherweise wurde dieser Whiskey im Gegensatz zu den anderen eher traditionellen Bourbon- und Rye-Erzeugnissen dieses Hauses größtenteils aus Hirse gebrannt. Wie man sieht, taugen diese kleinen, runden Körner nicht nur als Wellensittichfutter, sondern bringen einen wunderbaren Whiskey hervor, dessen Charakter sich von Mais-Whiskey deutlich unterscheidet!

STÄRKE ETC./NOTE: **1 2 3 4 5**

AROMA: ....

GESCHMACK: ....

ABGANG: ....

BY APPOINTMENT TO
HER MAJESTY THE QUEEN
SCOTCH WHISKY DISTILLERS
WHITE HORSE DISTILLERS LTD. GLASGOW
LAGAVULIN
DISTILLERY
ESTD 1816 ISLA
1816
LAGAVULIN
SINGLE ISLAY MALT WHISKY
AGED 16 YEARS
SCOTCH WHISKY
Moss water, passing over rocky falls, steeped in mountain air and moorland peat, distilled and matured in oak casks exposed to the sea shape Lagavulin's robust and smoky character. Time, say the Islanders, TAKES OUT THE FIRE but LEAVES IN THE WARMTH
"THE STRANGE HORSE OF SUINABHAL" – By William Black. – "I hef been in
three times or two times myself, and I hef been close to the 'Lagavulin' Distillery,
the clear watter of the spring that will make the 'Lagavulin' Whisky just as fine as
White Horse Distillers Glasgow

LAGAVULIN 16 YEARS (43 %)

AROMA Öljacke und Textilpflaster und dazu der süßliche Geruch von nassem, geteerten Hanfseil. Ausgewogen, nicht ganz so blumig wie beispielsweise Bowmore, gleichwohl jedoch mit einem Hauch von leicht parfümigen Torfrauch inmitten des schweren und leicht dumpfen Teeraromas.

GESCHMACK Kühl und geradezu schmeichelnd spritig für sein Alter. Rasch zunehmender Rauch, der sich trotz 16 Jahren Fasslagerung gut gehalten hat. Ein wenig angebranntes Popcorn legt Zeugnis für den Bourbonfassgelagerten Anteil ab. Steigende Fülle.

ABGANG Holziger, scharfer Rauch wie Chili mit Holzrauchschinken. Lang anhaltende Trockenheit, mit sahnig-weicher Torfigkeit, die ebenfalls lange anhält und in eine etwas süßere Rauchigkeit übergeht.

Ein Verkaufsschlager, keinesfalls Mittelklasse, denn immerhin ist er seit über 20 Jahren Bestandteil der Serie „Six Classic Malts of Scotland".

STÄRKE ETC./NOTE: **1 2 3 4 5**

AROMA: ....

GESCHMACK: ....

ABGANG: ....

BY APPOINTMENT TO HRH THE PRINCE OF WALES,
DISTILLER AND SUPPLIER OF SINGLE MALT SCOTCH WHISKY,
D. JOHNSTON & CO., (LAPHROAIG) ISLE OF ISLAY
LAPHROAIG®
ISLAY SINGLE MALT
SCOTCH WHISKY
AGED 18 YEARS
THIS EXPRESSION OF OUR FAMOUS WHISKY IS MATURED
FOR 18 YEARS FOR GREATER DEPTH, TASTE AND TEXTURE
The most richly flavoured of all Scotch whiskies
ESTD 1815 ESTD
DISTILLED AND BOTTLED IN SCOTLAND BY
D. JOHNSTON & CO., LAPHROAIG DISTILLERY, ISLE OF ISLAY
70cl
48% vol.
BY APPOINTMENT TO HRH THE PRINCE OF WALES,
DISTILLER AND SUPPLIER OF SINGLE MALT SCOTCH WHISKY,
D. JOHNSTON & CO., (LAPHROAIG) ISLE OF ISLAY
LAPHROAIG®
ISLAY SINGLE MALT
SCOTCH WHISKY
AGED 18
THIS EXPRESSION OF OUR FAMOUS WHISKY IS MADE IN LIMITED
QUANTITIES EACH YEAR, ONLY TO BE SAVOURED BY A FORTUNATE FEW
A SOFT AND SPICY ISLAY PEAT SMOKE GREETS YOU WHEN YOU
FIRST OPEN THE BOTTLE, FOLLOWED BY A TASTE OF OAK SWEETNESS
GAINED FROM 18 YEARS MATURING IN AN EX-BOURBON BARREL.
Scotch whiskies
ESTD 1815 ESTD
ISLE OF ISLAY
48% vol.

LAPHROAIG 18 YEARS (48 %)

AROMA Rund, fett und voll, mit einem phenoligem Torfaroma, einer zarten Vanillenote und feiner Würze. Eine fleischige Salznote, als würde man an Pata Negra oder Parmaschinken riechen, dazu ein Duft nach schwarzen Oliven – ein richtiger Tapas-Whisky!

GESCHMACK Feurig und süß mit einem Hauch von Arrak.

ABGANG Langer Abgang, gut ausgewogene zuckrige Süße und teerigsüßer Rauch mit leicht zunehmender Salzlakritznote. Süß, leicht fassig, schwach pfeffrig, Torfrauch … der Geschmack hält sich so lange, dass ich zwischen den Zügen lange innehalte. Und mir noch einmal nachschenke.

STÄRKE ETC./NOTE: **1 2 3 4 5**

AROMA: ....

GESCHMACK: ....

ABGANG: ....

BY APPOINTMENT TO HRH THE PRINCE OF WALES,
DISTILLER AND SUPPLIER OF SINGLE MALT SCOTCH WHISKY,
D. JOHNSTON & CO., (LAPHROAIG) ISLE OF ISLAY
LAPHROAIG
ISLAY SINGLE MALT
SCOTCH WHISKY
PX CASK
TRIPLE MATURED
A SUBTLE, THIRD MATURATION IN CASKS THAT ONCE HELD
PEDRO XIMÉNEZ SHERRY
TRAVEL RETAIL EXCLUSIVE
DISTILLED AND BOTTLED IN SCOTLAND BY
JOHNSTON & CO., LAPHROAIG DISTILLERY, ISLE OF ISLAY

LAPHROAIG PX CASK (48 %)

AROMA Seit einigen Jahren ist bei den Schotten – vielleicht verursacht durch die allgemeine Fassknappheit – ein Trend zu verzeichnen, nach dem vermehrt Sherryfässer von Pedro Ximénez und anderen Sherryproduzenten für die Whiskylagerung Verwendung finden. Dabei erhebt die Rauchigkeit dieses Whiskys die nussige Sherrynote zu einem geradezu turbogeladenen, knackigen Aroma nach Karamellbonbons und schwarzen Johannisbeeren. Ein schwaches Rosinenaroma gibt dem Ganzen gleichsam einen Lachgaskick. Dieses Gesamtkunstwerk ist ganz ohne Zweifel Absolvent der höheren Schule der Whiskys mit Dessertweinaroma.

GESCHMACK Schwach salzig und leicht schroff. Das anfängliche Aroma von Rumrosinen allmählich übergehend zu frisch gebügelter Baumwolle und gebrannten Mandeln und schließlich hin zu dem gewohnten, fülligen, weichen und süßen, intensiv teerrauchigen Laphroaiggeschmack. Nur die gerösteten Nüsse und Mandeln haben dabei durchweg Bestand.

ABGANG Sehr schnell entfaltet sich ein breites, weiches und nussiges Islay-Aroma. Dies bleibt bestehen, ohne dabei übermächtig zu werden und mündet in eine sanfte Woge von weichem und rauchigem schottischen Whisky vom Allerfeinsten. Ganz offensichtlich hat der dessertweinsüße, nussige, dunkle Sherry das Seine dazu beigetragen, ohne dem brutalen, rauchigen Schotten seinen Charakter zu nehmen. Dreifach gelagert – zuerst in gewöhnlichen Bourbonfässern, dann in 125-Liter-Bourbonfässern (den sogenannten Quarter Casks) und zuletzt eine Weile in PX-Fässern.

STÄRKE ETC./NOTE: **1 2 3 4 5**

AROMA: ....

GESCHMACK: ....

ABGANG: ....

1815 ESTABL
BY APPOINTMENT TO HRH THE PRINCE OF WALES,
DISTILLER AND SUPPLIER OF SINGLE MALT SCOTCH WHISKY,
D. JOHNSTON & CO., (LAPHROAIG) ISLE OF ISLAY
LAPHROAIG®
ISLAY SINGLE MALT
SCOTCH WHISKY
QUARTER CASK
THE PERFECT MARRIAGE OF PEAT AND OAK
The most richly flavoured of all Scotch whiskies
ESTD 1815 ESTD
DISTILLED AND BOTTLED IN SCOTLAND BY
D. JOHNSTON & CO., LAPHROAIG DISTILLERY, ISLE OF ISLAY
70cl℮
48% vol
BY APPOINTMENT TO HRH THE PRINCE OF WALES,
DISTILLER AND SUPPLIER OF SINGLE MALT SCOTCH WHISKY,
D. JOHNSTON & CO., (LAPHROAIG) ISLE OF ISLAY
LAPHROAIG®
ISLAY SINGLE MALT
SCOTCH WHISKY
QUARTER CASK
USING SMALL QUARTER CASKS FROM A BYGONE
ERA TO CREATE THE PERFECT MARRIAGE OF PEAT AND OAK
The most richly flavoured of all
Scotch whiskies
ESTD 1815 ESTD
DISTILLED ON THE REMOTE ISLAND OF ISLAY
OFF THE WEST COAST OF SCOTLAND
DISTILLED AND BOTTLED IN SCOTLAND
BY D. JOHNSTON & CO., LAPHROAIG DISTILLERY
ISLE OF ISLAY
70cl℮
48% vol

LAPHROAIG QUARTER CASK (48 %)

AROMA Unmittelbar ein angenehmes, süßliches Aroma von geteerten Hanfseilen, kombiniert mit einer schärferen Note nach Waschbenzin. Ein Hauch von Knetgummi und Marzipan kommt in einer Wolke von Jodtinktur, Mullverband und Heftpflaster daher und mündet im Duft von Marzipantorte mit einem Echo von Schiffstauen.

GESCHMACK Ölig, süß und torfig – buttrig-torfig, brotig – als hätte man eine Scheibe Weißbrot zusammen mit einem Stück Torf in den Toaster gesteckt.

ABGANG Rund und scharf mit einer gewissen Cremigkeit, jedoch nicht ins Schwüle abgleitend. Wie eine Meeresbrandung kommt Welle auf Welle von süßem, salzluftgeschwängertem Torfrauch und Teer und bricht sich schließlich in einem trockenen, immer noch sehr milden und parfümigen, eichigen Rauch. Jung, voller Charakter und ausgewogen, obschon die rauchige Melodie eine Spur zu laut spielt.

Zuerst ein paar Jahre in Standardfässern, dann in Quarter Casks von 500 Litern Inhalt gelagert. Daher sehr charaktervoll trotz des unspezifizierten Alters, das jedoch unter zehn Jahren liegt.

STÄRKE ETC./NOTE: **1 2 3 4 5**

AROMA: ....

GESCHMACK: ....

ABGANG: ....

ESTD 1894
LONGMORN
SPEYSIDE
SINGLE MALT SCOTCH WHISKY
AGED 16 YEARS
SINGLE MALT SCOTCH WHISKY
70cl e 48%vol
NON CHILL-FILTERED
A REMARKABLE EXPRESSION OF AGE & ELEGANCE, THIS SINGLE MALT IS MATURED IN THREE TYPES OF OAK CASK FOR A RICH & COMPLEX FLAVOUR.
2EBF9000

LONGMORN 16 YEARS (48 %)

Ein lange unterschätzter Whisky, der durch seine schlichte Verpackung und den günstigen Preis meist wohl eher wie zufällig im Supermarktwagen landete. Die aufwendigere Aufmachung der neuen Ausgabe mit Metallmanschette am Hals und einen mit Leder verbrämten Flaschenboden lässt ahnen, dass man der Werbeabteilung hier freie Hand gelassen hat. Ob der Inhalt hält, was die Verpackung verspricht?

AROMA Das Aroma ist meines Erachtens deutlich kraftvoller als zuvor. Nach wie vor das typische Apfelaroma, jedoch nun eher nach Apfellimonade, nach Backobst, dunkler Konfitüre und mit einem guten Gleichgewicht zwischen Eichenfass und weichem Butteraroma.

GESCHMACK Voll und weich, mit herber Eichenfassnote, die langsam abklingt und den Gedanken an Apfellimonade wieder aufkommen lässt. Zuletzt ein Anflug von bitterer Gerbsäure.

ABGANG Zuerst trockenes Getreidearoma, dann zuckrig-süß und plötzlich ein Abstecher in ein vanillebetontes Eichenfassaroma mit einem Nachklang von Birne. Ein guter Whisky aus dem Herzen von Speyside, doch ich bekomme dabei unweigerlich Lust auf Whiskygrog mit einem Schuss Apfellimonade!

STÄRKE ETC./NOTE: **1 2 3 4 5**

AROMA: ....

GESCHMACK: ....

ABGANG: ....

'BEST MALT in the WORLD'
Whisky Magazine, June 2004
The MACALLAN
HIGHLAND SINGLE MALT
SCOTCH WHISKY
18
EIGHTEEN YEARS OLD
EXCLUSIVELY MATURED IN SELECTED
SHERRY OAK CASKS FROM JEREZ, SPAIN
WHISKIES DISTILLED IN 1988 AND IN EARLIER YEARS
COLOUR: Light Mahogany | AGE: 18 years o
NOSE: Dried fruit and ginger, with a hint of citr
vanilla and cinnamon. PALATE: Rich drie
fruit, with spice, clove, orange and wood smok
FINISH: Full and lingering, with dried fru
sweet toffee, ginger and a hint of wood smok
DISTILLED AND BOTTLED BY
THE MACALLAN DISTILLERS LTD
EASTER ELCHIES, CRAIGELLACHIE, SCOTLAND
The MACALLAN
18 YEARS OLD
EST. 1824
The MACALLAN
HIGHLAND SINGLE MALT
SCOTCH WHISKY
18
EIGHTEEN YEARS OLD
EXCLUSIVELY MATURED IN SELECTED
SHERRY OAK CASKS FROM JEREZ, SPAIN
WHISKIES DISTILLED IN 1988 AND IN EARLIER YEARS
43% Alc./Vol.
700 ml

THE MACALLAN 18 YEARS (43%)

AROMA Für den Duft diesen Maltwhisky-Klassikers nehme man ein paar Trockenfrüchte – Aprikosen, Backpflaumen, eine Handvoll Rosinen sowie eine Prise Pomeranzenschale für das dumpfe Zitrusaroma sowie eine Prise Kräuterpfeffer und übergieße das Ganze mit hellem und auch ein wenig dunklem Sirup. Hinzu kommt noch eine leicht rauchige, nach Phenolen duftende Torfnote.

GESCHMACK Kompakter Charakter, wie eine Ohrfeige. Ausgewogene Süße und Fruchtigkeit, der Fasscharakter deutlich weniger bitter, als das Alter erwarten lässt. Die spürbare, jedoch nicht übertriebene fettig-cremige Fruchtsüße dominiert.

ABGANG Würzig-fruchtig wie asiatischer Obstsalat mit Mango, Litschi, etwas Ananas und ein paar Orangen- und Grapefruitstückchen, überstäubt mit etwas Muskat und einem ganz, ganz kleinem bisschen weißem Pfeffer. Vielleicht für einen Anflug von Vanille und Nuss mit einem kleinen italienischen Mandelküchlein garniert. Wie man sieht, ein Whisky, der Assoziationen weckt. Lassen Sie den Cognac stehen und nehmen dafür diesen Whisky hier.

STÄRKE ETC./NOTE: **1 2 3 4 5**

AROMA: ....

GESCHMACK: ....

ABGANG: ....

EST. 1824
The MACALLAN
RUBY
EXCLUSIVELY MATURED IN SHERRY OAK CASKS FROM JEREZ, SPAIN
HIGHLAND SINGLE MALT SCOTCH WHISKY
DISTILLERY LICENSED 1824 SPEYSIDE, SCOTLAND
EST. 1824
The MACALLAN
RUBY
EXCLUSIVELY MATURED IN SHERRY OAK CASKS FROM JEREZ, SPAIN
HIGHLAND SINGLE MALT SCOTCH WHISKY
DISTILLED AND BOTTLED BY
THE MACALLAN DISTILLERS LTD
EASTER ELCHIES, CRAIGELLACHIE, SCOTLAND
PRODUCT OF SCOTLAND

THE MACALLAN RUBY (43%)

AROMA Mildes und trockenes Aroma nach getrockneten Früchten, wie eine Papiertüte voller Melonenstückchen, Apfelscheiben, einer Handvoll weichen Rosinen und ein paar runzligen Aprikosen. Eine straffe, alkoholische Note, jedoch eher wärmend als im Hals kratzend.

GESCHMACK Erdig, rund und fassig-fruchtig nach Rosinen und Granatäpfeln. Zuerst süß, dann mehr Hitze und zuletzt etwas trockener. Wie erwartet die schokoladige Sherryfassnote auf einem Fundament von roten Beeren. Diese hat jedoch nichts von der sonst üblichen Bitterkeit von Kakaopulver, sondern erinnert eher an Schokoladentrüffel mit Erdbeerstückchen.

ABGANG Zuerst bitter, nach Gerbstoffen, genau wie gebrannter Zucker. Dann eine anhaltend wärmende, nussige Rosinennote, übergehend zu Getreide und einem Anflug von Phenolen, die sich mit den Rosinen und dem Milchschokoladen- und Erdbeergeschmack ausgezeichnet vertragen. Elegant und gut.

Dieser tief rubinfarbene Whisky ist die neueste Ausgabe von Macallans in Sherryfässern gelagerten Whiskys.

STÄRKE ETC./NOTE: **1 2 3 4 5**

AROMA: ....

GESCHMACK: ....

ABGANG: ....

The MACALLAN
1824
EST. 1824
The MACALLAN
WHISKY MAKER'S EDITION
AN EXCEPTIONALLY ELEGANT SINGLE MALT
WITH A LINGERING FINISH
HIGHLAND SINGLE MALT
SCOTCH WHISKY
DISTILLED AND BOTTLED BY
THE MACALLAN DISTILLERS LTD
EASTER ELCHIES, CRAIGELLACHIE, SCOTLAND
Alc./Vol.
PRODUCT OF SCOTLAND
EST. 1824
The MACALLAN
WHISKY MAKER'S EDITION
AN EXCEPTIONALLY ELEGANT SINGLE MALT
WITH A LINGERING FINISH
SINGLE MALT
SCOTCH WHISKY
CRAFTED FROM THE MACALLAN'S WHISKY MAKER, BOB
DRAWING ON RARE WHISKY DISTILLED FROM THE MACALLAN'S
BARLEY & BOTTLED AT BOB'S PREFERRED HIGHER STRENGTH.
The 1824 COLLECTION
DISTILLED AND BOTTLED BY
THE MACALLAN DISTILLERS LTD
EASTER ELCHIES, CRAIGELLACHIE, SCOTLAND

THE MACALLAN
WHISKY MAKER'S EDITION (42,8 %)

AROMA Kraftvoll-spritig, doch mit frischem, reichen Malzcharakter. Ungewöhnlich halbstark daherkommend für die sonst eher ausgereiften Macallans. Geranien. Walnuss. Eiche. Pfefferminz-Sahnebonbon.

GESCHMACK Sehr frisch und jung, doch dabei nicht unausgereift, genau richtig für mich alten Spritromantiker! Eine blauschwarz-beerige Fruchtigkeit kommt auf leisen Sohlen angeschlichen, um der milden Malzsüße Gesellschaft zu leisten. Alles zusammen mit einer sehr leichten, wohlausgewogenen Feurigkeit und einem jugendlichen Charme, dann zunehmend abgelöst von Malz und einem sahnigen Geschmack nach Schwarzen Johannisbeeren.

ABGANG Eine mildere Fortsetzung des Geschmacksfinales – cremig wie eine Schwarze-Johannisbeer-Mousse , vielleicht mit dem terpentinartigen Beigeschmack halbreifer Mangos. Ein wohliger, weicher, warmer Geschmack wie ein Sonntagmorgen im Bett. Da ich ein großer Fan von Phenolen bin, hätte ich nicht geglaubt, dass ich einen Speyside-Whisky so schätzen würde, doch dieser gehört zu den besten, die ich je probiert habe. Jung, ausgewogen, reich und unerhört charmant in seiner aufregenden Kombination von einschmeichelnden und herben Charakterzügen.

Der Whisky erschien 2009 im Duty-Free-Handel als Serie von vier Whiskys zum Thema 1824 – dem Gründungsjahr der Macallan-Brennerei. Die teuerste Variante folgerichtig in einer limitierten Ausgabe von 1824 Stück, natürlich in einer wertvollen Kristallkaraffe.

STÄRKE ETC./NOTE: **1 2 3 4 5**

AROMA: ....

GESCHMACK: ....

ABGANG: ....

ALC. 46.1 % VOL.
VOLUME: 70 CL
MACKMYRA
ISKRISTALL
SWEDISH
SINGLE MALT
WHISKY
MACKMYRA WHISKY
MACKMYRA
ISKRISTALL
SWEDISH
SINGLE MALT
WHISKY
MACKMYRA WHISKY

MACKMYRA ISKRISTALL (46,1%)

AROMA Typisch für Mackmyra die unmissverständliche fruchtige Kaugumminote im Duft, die sich mit etwas Wasser in Honig verwandelt, der mit ein Paar Tropfen einladend süßem Sherry verrührt wurde. Und dann legt sich eine knirschend knackige Süße wie eine Aureole rundherum. Man denkt an Schaumkonfekt, Florentinergebäck und karamellisierte Nüsse. Im Ganzen betrachtet ein relativ leichtes Aroma, doch durch den Sherry mit einer gewissen Tiefe.

GESCHMACK Feurig und ohne Wasser recht scharf. Ein wenig Schlürfen bringt Tannine und honigartige Malzsüße zutage und dann allmählich eine trockene, leicht nussige Fassnote.

ABGANG Zuerst Honig und Nüsse, dann über gehackte Schokorosinen und Schokokaramell hin zu Getreide und trockenem, nussigen, süßem Sherry und der leisesten Andeutung von chinesischer Sojasauce.

STÄRKE ETC./NOTE: **1 2 3 4 5**

AROMA: ....

GESCHMACK: ....

ABGANG: ....

Distilled in small batches according to the Michter's pre-Revolutionary War quality standards dating back to 1753
MICHTER'S
SMALL BATCH
EST.
1753
US★1
BOURBON
WHISKEY
750ML
45.7% ALC./VOL
(91.4 PROOF)
MICHTER'S
SMALL BATCH
US★1

MICHTER'S BOURBON (45,7 %)

AROMA Weich und sahnig nach leicht alkoholisierter Crème brûlée. Die cremige Süße wohlausbalanciert mit einer schärferen, herben Note von gebranntem Zucker – und seltsamerweise meine ich, auch einen leichten Anflug von Rosinen in dieser Orgie von Vanille und gebranntem Zucker zu verspüren.

GESCHMACK Ebenso wie das Aroma zuerst eine generöse, füllige Note von Vanille und Sahnekaramell im ausgewogenen Verhältnis zu einer sanften, alkoholischen Wärme. Im Geschmack jedoch deutlich eichiger mit einem leichten Anflug von Bienenwachs.

ABGANG Erst alkoholisch warm und pfeffrig, dann ein einzigartig vanillecremiges Aroma nach Crème brûlée. Schließlich durch die Tannine etwas trockener auf der Zunge mit einer Ahnung von Getreide und Sahnekaramell.

Michter, eine der ältesten Brennereien Kentuckys, hatte seine Tore schon vor vielen Jahren geschlossen. Doch die Firma wurde inzwischen mit neuen Betreibern unter dem alten Namen wiedereröffnet und mit traditionellen Rezepturen weitergeführt. Der Whiskey ist also noch der alte, doch der Preis ist durch die romantische Geschichte leider sehr in die Höhe gestiegen.

STÄRKE ETC./NOTE: **1 2 3 4 5**

AROMA: ....

GESCHMACK: ....

ABGANG: ....

according to the Michter's pre-Revolutionary War quality standards dating back to 1753
MICHTER'S®
SMALL BATCH
·EST.·
1753
US★1®
ORIGINAL
SOUR MASH
WHISKEY
43% ALC./VOL
(86 PROOF)

MICHTER'S SOUR MASH (43 %)

AROMA Zuerst Arrak, dann die bourbontypischen Aromen von Mineralien, gerösteter Eiche und Sahnekaramell. Passt gut zu einer Zigarre!

GESCHMACK Auch hier zunächst Arrak, dann feuriger nach Fuchtbonbons, Sahnekaramel. Stetig ansteigendes trockenes Eichenfassaroma, eher bitter und trocken als gebrannt. Eis verwässert leider seine interessantesten Charakterzüge.

ABGANG Durchgehend trocken und anfangs mit bourbontypischem fruchtigem Karamellaroma, das anschließend zugunsten der Trockenheit abflaut. Ganz zuletzt eine leicht pfeffrige, paprikagrüne Note, die mich an gut abgelagerten Tequila denken lässt.

Das Erzeugnis einer neuen Brennerei, die den Namen einer stillgelegten alten übernommen hat und nun recht kleine, jedoch hochpreisige Auflagen produziert. Sollten Sie hier jedoch auf den Geschmack gekommen sein, ist dieser Whiskey immer noch eine relativ preisgünstige Alternative und außerdem etwas charaktervoller als Michter's Bourbon. Dasselbe gilt übrigens für Michter's American Whiskey, der in der ersten Auflage dieses Buches sowie in der USA-Ausgabe erwähnt wurde. Er nennt sich nur deshalb nicht Bourbon, weil in der Rezeptur zu wenig Roggen enthalten ist. Dadurch ist er ein wenig würziger und trockener und rundherum wunderbar.

STÄRKE ETC./NOTE: **1 2 3 4 5**

AROMA: ....

GESCHMACK: ....

ABGANG: ....

MORTLACH™
SINGLE MALT
SCOTCH WHISKY
SPECIAL
STRENGTH

MORTLACH SPECIAL STRENGTH (49 %)

AROMA Straff und elegant wie die Flasche selbst, die beinahe so flach ist wie eine Gesangbuchseite und nur aufgrund der Farbe des Inhalts nicht unmittelbar an After Shave erinnert. Das nussige Aroma ist rasierklingenscharf, man denkt sowohl an elektrischen Strom als auch an Apfelkuchen. Haselnüsse und in Butter gebratene Rosinen ringen mit dem leicht cognacfruchtigen Duft um die Oberhand.

GESCHMACK Zuerst ansprechend weich und malzsüß, doch bald schon zunehmendes Feuer mit einer gewissen Fassnote.

ABGANG Zuerst wärmend mit trockenen Tanninen. Dann rollt karamelliger Malz wie eine Woge heran und geht dann über zu sparsameren Getreidenuancen. Im langen Abgang wieder die leckere Sherrynote mit Anklängen an heiße Kastanien und Walnüsse. Sehr ordentlich – nicht nur in der Verpackung und eine wunderbare Begleitung zu einem guten Buch an einem stillen Abend.

Dufftowns älteste offizielle Brennerei (gegründet 1823) brüstet sich mit dem komplexen und einzigartigen Brennverfahren, dem „2.81 distillation process", das 1896 von Alexander Cowie dort eingeführt wurde. Das Ergebnis ist ein zuverlässiger und robuster Whisky, der auch gern als „The Beast of Dufftown" bezeichnet wird.

STÄRKE ETC./NOTE: **1 2 3 4 5**

AROMA: ....

GESCHMACK: ....

ABGANG: ....

Nevis Dew
SPECIAL RESERVE
Blended Scotch Whisky
Established 1825
Matured in Oak Casks
70cl
Product of Scotland
40%vol
Proprietors

NEVIS DEW SPECIAL RESERVE (40 %)

AROMA Munter und gediegen, Zeder mit einer Ahnung von Kampfer. Ein Schotte vom Feinsten – ein wenig Holz, ein wenig Malz, ein wenig Sahnekaramell, ein wenig Würze. Ein wenig üppiger als viele bekanntere, doch leider oft auch allzu polierte Vertreter unter den Whiskyverschnitten.

GERUCH Etwas schärfer und mit mehr Charakter als andere, ältere Verschnitte. Ein wenig Salz und möglicherweise ein Hauch von ausgewähltem Eichenfass.

ABGANG Herrlich runder und grober Rauch, ausgewogen mit einer cremigen Süße. Dann eine leichte Pfeffernote, leicht metallisch, ausklingend in eine Kombination von Süße, einer Ahnung von Gerbstoffen und einem Hauch von weißem Pfeffer. Eine sehr interessante neue Bekanntschaft aus der Ben-Nevis-Brennerei und in der nostalgischen Steingutflasche die Bezeichnung „Reserve" wohl wert.

STÄRKE ETC./NOTE: **1 2 3 4 5**

AROMA: ....

GESCHMACK: ....

ABGANG: ....

NIKKA WHISKY
Since 1934
All
Malt
Malt 100 Whisky
pure & rich
ウイスキー
40% alc./vol.
700ml
The Nikka Whisky Distilling Co.,Ltd.
オールモルト

NIKKA ALL MALT (40 %)

AROMA Leichtes Bourbonfassaroma, süße, exotische Früchte mit einem Schuss Litschisaft sowie ein Duft wie frisch geschlagene Sahne. Dann ein mineralisches, leicht kräuterwürziges Aroma von gut gelagertem Whisky mit einer dünnen Glasur von Toffeearoma. Reich und wohl abgerundet.

GESCHMACK Straff mit herben Tanninen, doch in gutem Gleichgewicht mit einem runden, fruchtigen Geschmack, übergehend zu einer fülligen Malzsüße mit sowohl Eiche als auch Toffeeanklängen.

ABGANG Eine parfümig-eichige Kopfnote, die mich an 17-jährigen Karuizawa erinnert. Sodann ein schönes Toffeearoma mit einem straffen, herbeichenen Kontrapunkt. Das Ganze übergehend in eine getreidig-speltige Note mit Äpfeln und einem Einschlag von Orangen.

Trotz des Namens nicht das, was man gemeinhin als Malt oder Single Malt bezeichnen würde. Nikka All Malt ist ein Verschnitt aus Whiskys der Brennereien Miyagikyo und Yoichi und besteht ganz gewiss überwiegend aus Gerstenmalz, hergestellt im Kolonnenbrennkessel.

STÄRKE ETC./NOTE: **1 2 3 4 5**

AROMA: ....

GESCHMACK: ....

ABGANG: ....

NIKKA WHISKY
竹鶴
This whisky is named in honor of Masataka Taketsuru, who established Nikka Whisky in 1934.
M. Taketsuru
TAKETSURU
WHISKY
PURE MALT
PRODUCED BY
THE NIKKA WHISKY DISTILLING CO.,LTD.,JAPAN
ウイスキー
43%alc./vol.

NIKKA TAKETSURU 12 YEARS (43%)

Ich würde behaupten, dass japanische Whiskys sich traditionell durch eine leichte Arraknote auszeichnen, und so verhält es sich auch hier. Es ist ein Blended Malt aus dem mittelrauchigem Yoichi und dem fruchtigeren Miyagikyo.

AROMA Wie eine dünne Scheibe Mettwurst mit einem guten Klecks Feigenkonfitüre – vollfruchtig mit leichtem Aroma nach geräuchertem Fleisch mit würzigem Unterton, als hätte die Wurst eine Kruste aus Pfeffer, Rosmarin und Thymian.

GESCHMACK Zuerst mittelfüllig, schokoladig und leicht herb, dann ein sehr ausgewogenes Malzaroma auf einer schwach feurigen und ein wenig extra-herben Note mit einer delikaten Mischung von Frucht und Rauch, jedoch nun eher nach gebackenen Datteln im Schinkenmantel.

ABGANG Zuerst ein wunderbarer Geschmack nach all dem, was ein gut gelagerter zwölfjähriger Whisky mit sich bringen sollte: Rosinen, Eiche, ein wenig Schokolade, ein gerade noch nicht süßes Malzaroma, dass nach einer ganzen Weile in einen meisterlichen Balanceakt zwischen fruchtiger Süße und leicht feuriger herber Eiche mündet. Durch und durch sauber gearbeitet – ganz einfach gut!

STÄRKE ETC./NOTE: **1 2 3 4 5**

AROMA: ....

GESCHMACK: ....

ABGANG: ....

NIKKA WHISKY
SINGLE MALT
余市蒸溜所10年
ウイスキー
単一蒸溜所モルト
SINGLE MALT
“YOICHI”
余市
10
years old
余市蒸溜所10年貯蔵シングルモルト
Distilled & Matured in Yoichi Distillery The Nikka Whisky Distilling Co.,Ltd.
Product of Japan

NIKKA YOICHI 10 YEARS (45 %)

AROMA Arrak, sonnenwarme Eiche und säuerliche Früchte – Pomeranzen und überreife Orangen. Sehr feiner Vanilleduft mit grasig-verbranntem Unterton. Junger Alkohol.

GESCHMACK Süß, ausgewogen und durchweg kräftig malzig. Zuerst weich, dann feurig auf der Zunge, bis zuletzt immer voller im Geschmack.

ABGANG Angenehm fassig und herb. Ein schwaches Bourbonaroma trifft auf eine kraftvolle, trockene Malzigkeit, die in einem mittellangen, grasig-herben, trockenen Abgang in eine feine nach und nach süßere Vanillenote mit schwachem Fruchtkaramell und leichtem Torfrauch münden.

Ich bevorzuge japanische Whiskys mit leichter Cognacnote oder Torfrauch. Zwar schließt das eine das andere nicht aus, doch nach meiner Erfahrung sind dies zwei Charaktereigenschaften von großer Komplexität, die besonders bei japanischem Whisky zu finden sind. Manchmal wird dieser einzigartige Charakter von eichengelagertem, rauchigem Branntwein durch die mehr rauchbetonte japanische Eiche noch verstärkt.

STÄRKE ETC./NOTE: **1 2 3 4 5**

AROMA: ....

GESCHMACK: ....

ABGANG: ....

NIKKA WHISKY
SINGLE MALT
"YOICHI"
余市
15
years old
余市蒸溜所15年貯蔵シングルモルト
Produced by The Nikka Whisky Distilling Co., Ltd.
ウイスキー

NIKKA YOICHI 15 YEARS (45 %)

AROMA Trockenes Holz, ein wenig Fruchtbonbon und eine belebende Alkoholnote, ein klein wenig nach nassem Hund. Ein bisschen Alleskleber und Ebereschenrinde – kurz gesagt, saftig und herb. Mit ein wenig Wasser entspannter und freigiebiger – etwas mehr Honig- und Malzsüße gekrönt von steinkohleartigen Phenolen und einem Anflug von Laubfeuer. Ein reifer großer Bruder der zehnjährigen Ausgabe, so, wie es sich gehört.

GESCHMACK Füllig und leicht nach Schokolade. Leicht spritig auf der Zunge, dann eine leicht apfelige, herbe, straffe Note, die allmählich das ausgewogene, traditionelle, nicht rauchige Maltwhiskyaroma stärker durchkommen lässt. Malz und ein ausgewogenes Verhältnis von Eiche und Alkohol. Einfach, haarscharf ausbalanciert und unumstritten. Mit Wasser weicher, lebendig-füllig, kühl und cremig und nach wie vor von erstklassiger Ausgewogenheit.

ABGANG Zuerst ganz zaghafter Torfrauch, dann rasch zunehmend trockener Nachgeschmack nach Malz. Ein salziges Aroma, als lutschte man an Salzstangen, ohne zuzubeißen. Mit Wasser etwas süßer, doch immer noch ein strenger, disziplinierter Bursche im Verhältnis zu dem großen Aufgebot von eleganten Strebern und Berserkern in der Malzwhiskywelt.

STÄRKE ETC./NOTE: **1 2 3 4 5**

AROMA: ....

GESCHMACK: ....

ABGANG: ....

SCOTTISH BARLEY
AGED: 5 YEARS
PPM: 208
BRUICHLADDICH
PROGRESSIVE HEBRIDEAN
DISTILLERS
Ochdamh-mòr
OCTOMORE
EDITION: 07.2

OCTOMORE 07.2 (58,5 %)

AROMA Fünf Jahre alt und schon eine Legende! In dieser Version laut eigener Aussage mit etwas weniger Phenolen im Malz – doch immer noch stolze 208 ppm! Damit liegt dieser Octomore bei etwa 70 ppm und damit rund sieben Mal höher als ein Laphroaig! Ohne Wasser recht dünn und spritig, jedoch rauchig aus dem oben erwähnten Grund, mit einer minzig-knusprigen Note von dunkler Schokolade. Hier hat der Rauch eine gewisse Süße, nach Textilpflaster und Jod und – durch den Schwefel, nehme ich an – Paketklebeband.

GESCHMACK Wie auch bei den vorhergehenden Versionen für einen so jungen und starken Whisky angenehm füllig im Geschmack. Zwar wird der fülligen, rauchigen Süße vom Alkohol ein schwungvoller rechter Haken verpasst, doch kurz vor dem Auszählen rappelt sie sich, unterstützt von geteerten Hanfseilen und Nusscreme, wieder auf die Beine.

ABGANG Auch im Nachgeschmack ist das teerige Hanfseil deutlich herauszuschmecken, während der Malz allmählich seinen Griff lockert und das Ganze auf der Zunge leicht trockener wird und dann ausklingt mit Torfrauch, einer leichten Nussigkeit und dem schwachen Aroma einer strammen blonden Zigarre. Ich hoffe, dass ich den Inhalt dieser Flasche nicht schon bald an meine torfrauchsüchtigen Whiskyfreunde ausgeschenken muss!

STÄRKE ETC./NOTE: **1 2 3 4 5**

AROMA: ....

GESCHMACK: ....

ABGANG: ....

REG. IN U.S. PAT. OFF.
Since
1810
OLD
OVERHOLT
STRAIGHT RYE
WHISKEY
BOTTLED AT FRANKFORT • CLERMONT, KY
BY A. OVERHOLT & CO.
40% ALC/VOL (80 PROOF)
DISTILLED IN KENTUCKY
FOUR YEARS OLD

OLD OVERHOLT STRAIGHT RYE (40 %)

AROMA Wenn ich ein Bluthund wäre und mit der Nase dicht über dem Marmorboden herumschnüffeln würde, stiege mir wohl genau dieser trockene, mineralische Duft in die Nase. Aber das bin ich ja nun einmal nicht, und dieser klassische Roggenwhiskey hat außerdem noch ein säuerliches, frisches Roggenaroma mit einer Ahnung Sahnekaramell zu bieten.

GESCHMACK Mild, mit einem Anflug von Arrak, dann eine pfeffrige, leicht süßliche Roggennote, dann eine fruchtigere Süße und dann … eine ungewöhnliche Geschmacksreise für einen ziemlich verdünnten Amerikaner! Mit Eis ein wenig knackiger im Duft und ganz klar leichter im Geschmack, aber mit deutlichen, trockenen Gerbstoffen.

ABGANG Gebranntes Fassaroma im Schokoladenstil, dann übergehend zu herben Tanninen mit zuletzt leicht bitterem Nachklang, immerhin mit einem schwachen Karamellaroma.

STÄRKE ETC./NOTE: **1 2 3 4 5**

AROMA: ....

GESCHMACK: ....

ABGANG: ....

Old Pepper
Small Batch
KENTUCKY
STRAIGHT
BOURBON WHISKEY
1780
43% ALC./VOL.

OLD PEPPER SMALL BATCH (43 %)

AROMA Mineralisch, mit süßem Fruchtdropsaroma und einer schwachen Dillnote vom Eichenfass. Nach etwas Schwenken, um die Ester aus dem Whiskey freizusetzen, auch Kaugummi und Sahnekaramell.

GESCHMACK Beim ersten Schluck deutlich nach Mais, dann süße und feurig-alkoholische Aromen und fassherbe Eiche. Gleich danach eine schwache Nussigkeit im Verbund mit Himbeerschnüren und Erdbeerkaugummi. Zuletzt leicht gebranntes Holz mit einer Handvoll Popcorn.

ABGANG Zuerst nach Fruchtkonfekt, dann rasch trockener und herber. Mit einem Eiswürfel wird der Duft straffer, mit etwas mehr säuerlicher, frischer und saftiger Eiche und trockenen Mineralen. Weicher und weniger spritig, geradezu zahmer, doch immer noch interessant. Dieser noch recht unbekannte Amerikaner ist durchaus einen Schluck wert!

STÄRKE ETC./NOTE: **1 2 3 4 5**

AROMA: ....

GESCHMACK: ....

ABGANG: ....

PORT
CHARLOTTE
PC11
EÒRNA
NA H-ALBA
HEAVILY
PEATED
ISLAY
SINGLE
MALT
PORT CHARLOTTE:
PC11

PORT CHARLOTTE PC11 (59,5 %)

AROMA Anfangs milchig-karamellig mit gedämpftem Rauch. So glühend wie die tiefstehende Herbstsonne erfüllt die kraftvolle Alkoholstärke den Rauch mit einer fast elektrisierenden, jungen Note, die zusammen mit der Fülligkeit für ein sehr vielversprechendes Aroma sorgt. Mit Wasser noch etwas rauchiger, wenn auch insgesamt etwas leichter.

GESCHMACK Zugrunde liegend eine bittere Fassnote, dann übergehend zu strammer Eiche. Ein wenig Schlürfen bringt eine ansprechende Torfigkeit mit einer gewissen Süße und etwas Lakritze zutage. Ein wenig Wasser bringt das Ganze auf den Punkt – deutlich mehr Fülligkeit und eine zart-pfeffrige Note, wie zum Salzigen tendierende Lakritze.

ABGANG Ein rasch ausklingender Nachhall des Geschmacks mit einer leichten Getreidenote. Mit etwas Wasser ein stärkeres Finale, mit pfeffriger Lakritze und sehr angenehmen Phenolen.

Dieser Whisky wurde bei Bruichladdich gebrannt, ausgewählt und gestaltet von Brennmeister Jim McEwan, dem John Travolta der Whiskywelt. Er ist nicht nur für die Produktion zuständig, sondern veranstaltet auch äußerst unterhaltsame Whiskyverkostungen. Dieser Whisky ist benannt nach einer alten Brennerei, die bis 1929 in Bruichladdichs Nachbarort an Islays Westküste betrieben wurde. Die hier beschriebene Version heißt Eòrna na h-Alba, gälisch für „Schottische Gerste". Die Malzstärke beträgt 40 ppm.

STÄRKE ETC./NOTE: **1 2 3 4 5**

AROMA: ....

GESCHMACK: ....

ABGANG: ....

REBEL YELL
SMALL BATCH
reserve
KENTUCKY STRAIGHT BOURBON WHISKEY
700ML
45.3% ALC/VOL
90.6 PROOF

REBEL YELL SMALL BATCH (45,3 %)

AROMA Ein beständiges Aroma nach Getreideschalen, frischer Minze und eine leicht säuerliche Fassnote. Ein fülliges, süßes Beerenaroma steigt aus der Frische auf und legt sich wie ein dünner Karamellzuckerfirnis über die frische, leichte Duftwiese.

GESCHMACK Herbe Tannine, trockene Mineralien und karamellige Maissüße im ausgewogenen Verhältnis, bis allmählich die herbe Note die Überhand gewinnt. Mit Eis kommt die Süße stärker hervor. Ein angenehmer, erfrischender Whiskey mit deutlicher, leicht süßlicher Getreidenote.

ABGANG Zuerst noch straff und trocken, doch sobald dieser zugeknöpfte Whiskey die Krawatte ein wenig zu lockern beginnt, entfaltet sich sein charmantes Aroma nach Sahnekaramell und süßen Fruchtbonbons.

STÄRKE ETC./NOTE: **1 2 3 4 5**

AROMA: ....

GESCHMACK: ....

ABGANG: ....

SINGLE POT STILL
IRISH WHISKEY
Aged 15 Years
Non Chill Filtered
REDBREAST
SINGLE POT STILL
IRISH WHISKEY
Aged 15 Years
Non Chill Filtered

REDBREAST IRISH SINGLE POT STILL, 12 YEARS UND 15 YEARS

Hier stelle ich Ihnen zwei außerordentlich reine *pure pot still whiskeys* vor. Die typisch irischen Whiskeys sind reine Brennkessel-Produkte, doch in dieser Rezeptur befindet sich nicht nur Gerstenmalz.

12 YEARS (57,7 %)

AROMA Kraftvoll süß, nach Backpflaumen, weiche, getrocknete Aprikosen und ein Hauch von Ethylacetat und Haferkeksen. Mit etwas Wasser wird das ultrasüße Aroma trockener und ausgewogener. Interessante Nuancen von weichem Pfefferkuchen und Bananen, darunter eine schwache Phenolnote, ein wenig wie ein bitteres Ale.

GESCHMACK Sehr feurig. Dann etwas Honig, goldgelb geröstetes Brot und ein weiches, warmes Eichenaroma. Buttriger Kuchenteig und ein wenig Rum-Rosinen-Schokolade.

ABGANG Zuerst kurz grasig-herb. Dann übergehend zu Vanille- und Fruchtkaramellaromen. Durch die Tannine eine stumpfe Empfindung wie nach feinem Sandpapier auf der Zunge. Mit etwas Wasser etwas weicher und das Getreidearoma kommt stärker heraus.

Ausgabe von 2012. Knapp über 100 British Proof, Batch number B1/11.

15 YEARS (46 %)

AROMA Schwach nach Sahnebonbon und warmem Holz. Dill, ein Hauch von Backobst und ein wenig Petroleum, Lack und das sahnebonbonige Aroma mit deutlichem Bourboncharakter, gesäumt mit etwas fruchtigem Holz.

GESCHMACK Zuerst Birne, mild und leicht bitter, nach angebranntem Zucker mit leicht blumiger Note.

ABGANG Lupenrein nach Crème brûlée, mit nussiger Note nach Mandelkaramell. Übergehend in Sahnekaramell mit einem angenehm verbrannten Aroma. Ein ausgezeichneter *pot still whiskey,* dem die drei zusätzlichen Jahre rundherum gut getan haben.

Trotz der Alkoholstärke sind diese Whiskeys tatsächlich ungefiltert.

REDEMPTION
rye whiskey
46% alcohol by volume / 92 proof
distilled from a mash of 95% premium rye and carefully aged in new charred oak barrels
rye
Batch No: 099
Bottle No: 2428

REDEMPTION RYE (46 %)

AROMA Man findet nicht oft Whiskeys, auf denen ausdrücklich darauf hingewiesen wird, dass sie weniger als vier Jahre alt sind. Dieser in Indiana gebrannte und in Bardstown abgefüllte Whiskey, der zu 95 % aus Roggen besteht, ist so ein Vertreter. Vom Aroma her spürt man das junge Alter an der scharfen, alkoholischen Note, in der Roggen, Zitronengras und Lack mitschwingt.

GESCHMACK Zunächst feurig nach Tallöl, doch trotz des scharfen Alkohols von einer gewissen Cremigkeit und ansprechender Süße. Ich schmecke eine reine Note heraus, obwohl es um die Komplexität nach nur zwei, drei Jahren Lagerung noch nicht weit bestellt ist. Mit Eis ein aromatischer, grüner Duft, man könnte meinen, nach Pelargonien mit einem Spritzer Terpentin. Der Whiskey gewinnt eindeutig durch Eis, denn er wird füllig und milder im Geschmack und braucht eigentlich gar keine weitere Zutaten für einen Cocktail!

ABGANG Anfangs reif und nach Sahnekaramell, dann herber nach Getreide. Ich kann mir diesen Whiskey wunderbar zusammen mit süßem, würzigem Antica Formula Vermouth in einem gut gemixten Manhattan vorstellen. Jung, aber flott!

STÄRKE ETC./NOTE: **1 2 3 4 5**

AROMA: ....

GESCHMACK: ....

ABGANG: ....

SAZERAC
RYE
STRAIGHT
RYE WHISKEY
ALC 45% BY VOL (90 PROOF)
JOHN
TET

SAZERAC STRAIGHT RYE (45 %)

AROMA Unter den klassischen Cocktails gibt es einige wenige, die im Alter an Old Fashioned oder Sazerac herankommen, und sie sind sich alle in der Komposition sehr ähnlich, denn alle basieren auf amerikanischem Whiskey. Dieser nach dem Sazerac-Cocktail benannte dunkle Rye-Whiskey hat einen verblüffend zurückhaltenden Duft. Er gibt lediglich ein wenig Sahnekaramell und ein paar roggenbrötchenähnliche Atome preis. Und ich habe eine eigentümliche Assoziation von Hagebutten.

GESCHMACK Mild, dann fülliger. Im Geschmack zuerst schlicht, dann geradezu explodierend in eine Kaskade von Arrak, Roggenbrot, pfeffrig-feurigen, maisartigen Bourbonnuancen und ein gediegenes Aroma nach gut gekochtem Karamell. Auch mit Eis spürt man hier das gewisse Etwas, denn trotz der kühlen Verdünnung bleibt das erdige, süße Aroma in Duft und Geschmack bestehen. Der Duft bekommt eine klarere Roggennote und er liegt noch cremiger auf der Zunge.

ABGANG So facettenreich wie der Geschmack, mit einer leckeren, trockenen Eichennote, die aus der Karamellbasis hervorsteigt – ein wahrhaft trefflicher Tropfen! Trotz der Raubeinigkeit des Roggens außerordentlich einladend, so weich und eingesessen wie ein Cadillac aus Bruce Springsteens Glanztagen.

STÄRKE ETC./NOTE: **1 2 3 4 5**

AROMA: ....

GESCHMACK: ....

ABGANG: ....

SONOMA COUNTY
EST. 2010
DISTILLING CO.
WEST
of
KENTUCKY
BOURBON No.1
oduct of California
70 CL
LEMBIC POT DISTILLED
BY VOLUME [95.6 PROOF]

SONOMA COUNTY WEST OF KENTUCKY BOURBON NO. 1 (47,8 %)

AROMA Für sein Etikett hat diese Eiderdaune unter den fassreifen Bourbons einen ungewöhnlich jungen Duft– scharf nach Pelargonien mit Untertönen von Birne und Sprit.

GESCHMACK Wunderbar voll, mit herben Tanninen. Zunehmend feurig auf der Zunge. Ozon, Salmiak und süße Lakritze, bis mir das Wasser so sehr im Munde zusammengelaufen ist, dass die Mischung stark verdünntem Wein ähnelt. Ein angenehmer Geschmack nach jungem, torfigem Whisky mit einem herrlichen Körper für seine fünf Jahre; mit etwas Wasser nach harten, unreifen Birnen.

ABGANG Anfangs trocken und herb, dann flaut die eichige Fassnote etwas ab und gibt ein leichtes Aroma von Lakritzkaramell frei. Im Finale ein Anflug von Himbeeren und Karamellbonbons.

STÄRKE ETC./NOTE: 1 2 3 4 5

AROMA: ....

GESCHMACK: ....

ABGANG: ....

Handcrafted Swedish Island Spirit
HVEN
100 ml
41,8% vol.
Tycho´s Star
Single Malt Whisky

SPIRIT OF HVEN TYCHO'S STAR (41,8 %)

AROMA Beständig nach Schwarzen Johannisbeeren und Phenolen sowie schwach nach Pelargonien. Mit ein paar Tropfen Wasser auch ein Einschlag von Schwarzen Johannisbeerblättern und eine karamellige Bourbonfassnote.

GESCHMACK Wie Karamellsauce mit Brombeeren, fett-fruchtig und sahnig-weich, nach Vanille. Mit Wasser etwas trockener und leichter im Charakter.

ABGANG Zuerst ausgewogen herb mit Malzaroma, Eichenfass und Karamellbonbons, dann trockener mit einer feinen Brandnote, zuletzt trocken und ganz leicht fruchtig. Ein Standardwhisky der schwedischen Brennerei Hven, bei dem die intensiven und enthusiastisch-spritzigen Aromen der allerersten Ausgaben inzwischen gebändigt wurden. Aus einer Handvoll aufsässiger Diven ist inzwischen ein wohlklingender Chor geworden!

STÄRKE ETC./NOTE: **1 2 3 4 5**

AROMA: ....

GESCHMACK: ....

ABGANG: ....

ESTABLISHED 1828
CAMPBELTOWN SINGLE MALT SCOTCH WHISKY
PRODUCT OF SCOTLAND
SPRINGBANK
AGED 15 YEARS
CAMPBELTOWN
SINGLE MALT
DISTILLED & BOTTLED BY
70cl
46%vol

SPRINGBANK 15 YEARS (46 %)

AROMA Honig und Frucht, ein frisches Aroma nach Multbeeren und kalt gerührter Erdbeerkonfitüre. Die weiche Eichennote reitet auf einer Woge von alten Eichenfässern mit ein wenig frischem Holz.

GESCHMACK Leicht, doch gleichzeitig sehr rund. Frisch-malzig, fruchtig und schwach säuerlich. Vital. Ein kurzer, wachsiger Honigton und zuletzt eine milde, phenolige Torfnote.

ABGANG Das Finale fährt fort, wo der Geschmack aufhört – süß, beerig und blumig mit langsam verklingender Torfnote. Ein Hauch von Sahnebonbon und schwachem Phenolrauch. Ein wenig Popcorn? Alles in allem komplex, reich und wohlausgewogen, wenn auch ein wenig poliert. Ein Whisky mit Bling! sozusagen. Aber zu empfehlen.

STÄRKE ETC./NOTE: **1 2 3 4 5**

AROMA: ....

GESCHMACK: ....

ABGANG: ....

ESTD 1828
SPRINGBANK
18
YEARS
OLD
CAMPBELTOWN
SINGLE MALT
70cl
46%vol
CAMPBELTOWN SINGLE MALT SCOTCH WHISKY
PRODUCT OF SCOTLAND
DISTILLED & BOTTLED BY
YEARS OLD
PRODUCT OF SCOTLAND

SPRINGBANK 18 YEARS (46%)

AROMA Wie Preiselbeeren mit Milch beim zigarettenrauchenden Nachbarn. Säuerlich-beerig und wärmend. Trockene Beeren und ein ganz schwaches Torfaroma.

GESCHMACK Wie Balsam, weich und voll. Süß-fruchtig, ein gut ausgewogenes Verhältnis von Fassaroma und Süße sowie Frucht und Malz. Die süße Note nicht schwer und klebrig, sondern weich und zart säuerlich, trotz des Altes nicht von Holz beschwert, sondern leicht wie ein Seiltänzer daherkommend.

ABGANG Zuerst mit einem winzigen Wölkchen von Zigarettenrauch, dann ein füllig-fruchtiges Kompott aus Kirschen, Erdbeeren, Backpflaumen und Rosinen – mit einem kräftigen, jedoch angenehmem Schweißgeruch nach Eichenfass.

STÄRKE ETC./NOTE: **1 2 3 4 5**

AROMA: ....

GESCHMACK: ....

ABGANG: ....

ESTABLISHED 1828
SPRINGBANK
CASK STRENGTH
AGED 12 YEARS
SINGLE MALT
70cl
53.8%vol
CAMPBELTOWN SINGLE MALT SCOTCH WHISKY
PRODUCT OF SCOTLAND
DISTILLED & BOTTLED BY
J. & A. MITCHELL & CO.LTD · CAMPBELTOWN · SCOTLAND

SPRINGBANK CASK STRENGTH 12 YEARS (53,8 %)

AROMA Eine Ahnung von Süße und ohne Wasser eine gebrannte Note, mehr nach Laubfeuer als nach Torf. Etwas Wasser lockt ein Aroma von Knetgummi, Karamellbonbons hervor, während sich die Alkoholschärfe etwas zurückzieht.

GESCHMACK Zwar recht alkoholstark, jedoch trotz allem ziemlich schüchtern. Nach etwas Schlürfen entfaltet sich der komplexe Hauscharakter mit marmeladigem Fruchtaroma nach Datteln und Rosinen sowie nach warmem, altem Holz, dunkler Schokolade und Vanille, und alles in einem schmalen Rahmen von Torfrauch.

ABGANG Zuerst süß, rauchig, dann übergehend zu Karamell und Getreide. Die ausgewogene, erdige Fruchtnote flaut rasch ab zugunsten eines langen, milden und trockenen Nachgeschmacks mit Anklängen von getrockneten Früchten und Eiche. Meiner Ansicht nach ist dieser relativ junge, reich fruchtige und in ein sehr anziehendes Raucharoma gekleidete Whisky einer der besseren Abfüllungen von Springbank seit langem.

STÄRKE ETC./NOTE: **1 2 3 4 5**

AROMA: ....

GESCHMACK: ....

ABGANG: ....

SPRINGBANK
9
SINGLE MALT SCOTCH WHISKY
YEARS OLD
Cask type: 4 years in Refill Bourbon Casks
5 years in Fresh Gaja Barolo Casks
GAJA BAROLO
Distilled: February 2004
Bottled: October 2013
Outturn: 11,000 Bottles
Contents: 70cl Strength: 54.7%vol
PRODUCT OF SCOTLAND - SELECTED BY
Distillery Manager
J. & A. Mitchell & Co. Ltd.
Springbank Distillery · Campbeltown
Longrow
KILKERRAN

SPRINGBANK GAJA BAROLO, 9 YEARS (54,7 %)

AROMA Jung und an Orangenmarmelade mit Pomeranzenschale erinnernd, mit einer Ahnung von Vanille und weichem, dunklem, leicht verbranntem Rauch.

GESCHMACK Feurig mit angenehmer Pfeffrigkeit. Trockene Eiche mit zunehmendem Malzaroma. Eine ungewöhnliche Lagerung mit Nuancen von dunklem Torfrauch und gebrannten Mandeln sowie einer beerigen Süße nach roten Geleefrüchten.

ABGANG Eine gut abgestimmte Mischung von schwachem Torfaroma und gerösteten Nüssen mit einem Hauch von sahneweicher Beerensüße. Mit etwas Wasser eine ganz zart mit Torf gesäumte Getreidenote.

Springbank schafft es irgendwie, in regelmäßigen Abständen sowohl geniale wie auch eher schräge Brände herauszugeben. „The marketing department gone mad", wie ein schottischer Kritiker es angesichts einer der weniger gelungenen Erzeugnisse ausdrückte. Dieser hier gehört eher der genialen Sorte an: Er ist jung und voller Charakter, mit typischen Eigenschaften des Hauses und der Fasslagerung – hier vier Jahre Zweitlagerung in Bourbonfässern sowie fünf Jahre in neuen italienischen Barolofässern.

STÄRKE ETC./NOTE: **1 2 3 4 5**

AROMA: ....

GESCHMACK: ....

ABGANG: ....

Tasmania Distillery
SULLIVANS COVE
Rare
TASMANIAN
FRENCH OAK CASK MATURED
Single Cask Malt Whisky
DISTILLED WITH CONVICTION
PUREST WILDERNESS
PRODUCT OF AUSTRALIA

SULLIVANS COVE FRENCH OAK PORT CASK (47,5 %)

Meine Erwartungen hielten sich in Grenzen, doch das erwies sich als willkommener Irrtum. Der letzte tasmanische Whisky, den ich probiert habe, muss nicht in Ordnung gewesen sein – was man von diesem nicht behaupten kann!

AROMA Generös nach exotischen Früchten und ein warmer, würziger Geruch von frisch gehobelten Eichenspänen.

GESCHMACK Zuerst feurig, dann langsam, doch mit einer gewissen Zielstrebigkeit in eine an schottischen Whisky erinnernde malzige Fruchtigkeit übergehend. Perfekte Fülle, gegen Ende zunehmendes herbes Fassaroma.

ABGANG Zuerst herb und fruchtig, ein wenig nach Weintraubenkernen. Verglichen mit der fruchtigen herben Fülligkeit des Geschmacks ist der Abgang erstaunlich kurz, doch mit einer angenehmen, füllig-herben Rosinennote. Ein wunderbarer elfjähriger Whisky für kühle Herbsttage – und vielleicht auch an wärmeren Tagen zum Käsegang. Entscheiden Sie selbst!

Die 1994 gegründete Tasmania Distillery liegt am Derwent bei Sullivans Cove; dort, wo Lord Hobart die erste britische Strafkolonie in Tasmanien gründete. Die Brennerei wechselte 2003 den Besitzer und wurde nach Cambridge am Stadtrand von Hobart verlegt. Heute werden dort 120 Fässer mit 200 Litern Fassungsvermögen pro Jahr produziert. Trotz ihrer Jugend wurde die Brennerei bereits bei den World Whisky Awards ausgezeichnet und ist mit 90–95 Punkten in Jim Murray's Whisky Bible verzeichnet. Auch der französische Kritiker Grégoire Sarafian fand lobende Worte.

STÄRKE ETC./NOTE: **1 2 3 4 5**

AROMA: ....

GESCHMACK: ....

ABGANG: ....

THE
SPIRIT of DUBLIN
TEELING
SINCE
1782
WHISKEY
Non Chill
FILTERED
SMALL BATCH
THE TEELING WHISKEY CO.
DUBLIN • IRELAND
Aged and
MATURED
PRODUCT OF IRELAND
IRISH WHISKEY
FILTERING:
NON CHILL
FINISH:
RUM CASKS
BOTTLED:
02/2013
70cl
Jack Teeling

TEELING WHISKEY – RUM CASK (46 %)

AROMA Zuerst ein angenehmes Aroma von karamellisiertem Zucker, im Anschluss daran feine Vanille, Weichkaramell und ein schwacher Anflug von frischen Schwarzen Johannisbeeren verbunden mit warmen, gemütlichen Holzaromen und einer säuerlich-frischen Eichennote, abgerundet von einem Hauch von reifer Banane und Mandeln.

GESCHMACK Zuerst weich, dann mit zunehmendem Feuer. Ein delikater Fasscharakter, mehr nach Bourbonfass eigentlich. Erst nach und nach zeigt sich das Rumaroma nach vollreifen Früchten und einer schwachen Arraknote, trotz allem gut ausbalanciert mit einem starken trockenen und stabilen Rückgrat von herber Eiche.

ABGANG Zuerst weißer Pfeffer, übergehend in Getreidespelt und herbe Eiche. Auch ein eigentümliches, jedoch nicht unausgewogenes und sehr angenehmes Aroma, das mich an Champignons erinnert – etwas, das man auch oft in Bacardi findet!

Ein hochwillkommener Neuankömmling, der den Namen des Gründers der Cooley Brennerei, John Teeling, trägt. Heute leiten die Söhne Jack und Stephen Teeling den Betrieb. Doch Cooley selbst befindet sich nicht mehr im Familienbesitz – es wurde 2011 für 71 Millionen Euro an Jim Beam verkauft, Stephen widmete sich im Auftrag von Beam Global dem Wiederaufbau der Distillerie Kilbeggan und kehrte 2013 in das väterliche Unternehmen zurück.

(Quelle: The Spirits Business, 5. Juni 2013)

STÄRKE ETC./NOTE: **1 2 3 4 5**

AROMA: ....

GESCHMACK: ....

ABGANG: ....

DISTILLER'S CHOICE
KASKI
TEERENPELI
SINGLE MALT WHISKY
43% vol
50cl e
Distilled and bottled at
Teerenpeli Distillery Lahti, Finland

TEERENPELI KASKI (43 %)

AROMA Junge, frische Eiche, malzige, freche Süße, und eine Karamellnote mit einem schwachen Schwefelduft nach Salzstangen und Schießpulver.

GESCHMACK Feurig, frech, jung und sherrybetont. Marmeladiges Fruchtaroma und einen straffes, stechendes Feuer.

ABGANG Ein wenig Marzipan und Mandeln mit einer beerig-fruchtigen, schwachen Schwefelnote mit deutlichem Sherrycharakter und einem Hauch von torfigen Phenolen.

Ein großer Schritt nach vorn für den finnischen Whisky! Manch einer mag die Nase über die Schwefelnote rümpfen, aber mich stört sie nicht. Sie bildet vielmehr ein gleichmäßiges und angenehmes Gegengewicht zu dem fruchtigen Charakter der Sherryfasslagerung, sodass das Ganze nicht zu klebrig-süß wird.

STÄRKE ETC./NOTE: **1 2 3 4 5**

AROMA: ....

GESCHMACK: ....

ABGANG: ....

WHISKY
Aged 5 years in oak
ARTISAN SINGLE MALT
45,2 vol % • Cask no.55 and 56
Limited edition
MATURED IN PORT WINE BARRELS
Wannborga på Öland AB
www.wannborga.se
+46 708 28 29 28

WANNBORGA Ö WHISKY (45,2 %)

AROMA Eiche mit einem Unterton von Vanille kitzelt in der Nase. Aus dem jungen, spritigen Aroma kämpft sich bereits eine leicht karamellige, sahnige Note hervor, die andeutet, dass sie wahrscheinlich auch zu schmecken sein wird.

GESCHMACK Einfach, zuckersüß, rasch zunehmendes Feuer, gleichzeitig ausgefüllt von saftiger Eiche, Pfeffer und einem Anflug von gebranntem Rauch. Herbe Eiche liegt auf der Zunge, weißer Pfeffer wärmt den Gaumen, während sich im Mund eine weiche Süße, eher nach Zucker als nach Getreide, entfaltet.

ABGANG Eine kurze Getreidenote und deutliches, aber nicht allzu kräftige Eichentannine. Nach ein paar Minuten strebt eine leichte Süße mit schwachem Einschlag von Rosinen um das Gleichgewicht mit einem gewissen herben Geschmack auf der Zunge. Kurz gesagt, ein ordentlicher Fünfjähriger, doch ich hätte mir etwas mehr von dem Portweinfassaroma gewünscht, in dem dieser Whisky ja immerhin eine Zeit zu liegen gekommen war.

STÄRKE ETC./NOTE: **1 2 3 4 5**

AROMA: ....

GESCHMACK: ....

ABGANG: ....

Est.D AN 1855
WILD TURKEY®
101
PROOF
KENTUCKY
straight
BOURBON
whiskey
Real Kentucky
Bottled by the
Austin, Nichols Distilling Company
Lawrenceburg, Kentucky, U.S.A
70 cl 50,5% vol (101 proof)

WILD TURKEY 101 PROOF BOURBON (50,5 %)

AROMA Weich, trocken und mineralisch mit einer Ahnung von Parfum und Frucht. Eine Komposition aus Eiche, Zedernholz und Kirschen und zu guter Letzt sogar ein wenig Karamell.

GESCHMACK Anfangs süß, karamellbetont und sehr weich. Dann eine feurige Note in guter Gesellschaft mit einem herrlichen Bourbongeschmack, nach Karamell, Vanille und Fondant und dem hauseigenen Aroma von schwarzgebrannten Eichenfässern. Mit ein paar Eiswürfeln wird der Whiskey weicher, doch die Geschmackskomposition hält immer noch hervorragend zusammen.

ABGANG Trocken, verliert jedoch sehr schnell die Spritigkeit. Zurück bleibt geröstetes Holz, weiche Karamellsauce und Vanille.

STÄRKE ETC./NOTE: **1 2 3 4 5**

AROMA: ....

GESCHMACK: ....

ABGANG: ....

WILLETT
Dieu et mon devoir
Willett
Straight Kentucky Bourbon Whiskey
Rare Release
Handcrafted in Kentucky

WILLETT FAMILY ESTATE 6 YEARS (60,6 %)

AROMA Ein zu Recht kräftiger Duft nach Etylacetat, gebranntem Popcorn und knackigem Karamell. Mit etwas Wasser gewährt die Allesklebernote einer fülligeren, nussigeren Süße Raum. Ein geradezu schottischer Duft nach Vanille und Honig, im Verbund mit einem Anflug von gerösteter Eiche.

GESCHMACK Fruchtig mit rasch steigender Hitze auf der Zunge, die sich bald darauf mit einem runden Pflaumenaroma, etwas Malz und einer gewissen herben Eichennote arrangiert. Mit Wasser sorgt die etwas trockenere Pfeffrigkeit für einen guten Ausgleich mit dem Fruchtaroma.

ABGANG Die anfängliche Malzigkeit schwingt schon bald das Tanzbein mit einem etwas fruchtigeren Aroma, das auch eine Schokoladennote mit in den wirbelnden Walzer mit hineinzieht. Das Finale ganz leicht pfeffrig mit einer milden, marmeladigen Süße, wie auf einer dünnen Scheibe Malz verstrichen. Mit etwas Wasser hält das delikate Aroma noch länger vor und gleitet sanft über in ein Finale aus karamelliger Crème Catalan. Lecker!

STÄRKE ETC./NOTE: **1 2 3 4 5**

AROMA: ....

GESCHMACK: ....

ABGANG: ....

DAS WHISKY-ABC

ABSTICH: Der Zeitpunkt, an dem das Herzstück des Destillats vom Vor- bzw. Nachlauf getrennt wird. Im Vorlauf steigen leichtere Alkohole auf, im Mittellauf Ethanol und im Nachlauf die schweren Fuselalkohole. Destillate mit schmalerem Herzstück sind reiner und neutraler im Charakter.

ALAMBIC: Französischer Name für die Brennbirne; für Cognac insbesondere *Alambic Charentais.*

ALDEHYDE: *Alcoholus dehydrogenatus,* dehydrierter Alkohol, chemische Verbindungen mit einem Wasserstoffatom. Ein Aldehyd namens Acetaldehyd wird gebildet, indem Ethanol längere Zeit der Luft ausgesetzt wird. Blumiges, fruchtiges Aroma bei Whisky ist oft den Aldehyden zuzuschreiben, ebenso ein Duft nach Muskat, Zimt (Cinnamaldehyd), Vanille (Vanillin) sowie Bittermandel (Benzaldehyd) – genau wie beim Amaretto!

ÄTHERISCHE ÖLE: Flüchtige Extakte aus Pflanzen oder Pflanzenteilen, die einen für die Herkunftspflanze charakteristischen Geruch haben.

AMYLE: Gruppe von Enzymen, die Stärke in Zucker umwandeln. Bei der Maischegärung wird das stärkehaltige Getreide in Malzzucker umgewandelt.

ANGEL'S SHARE: Der Anteil des Whiskys, der durch die Fasswände verdunstet. Das entspricht etwa zwei bis drei Prozent des in Schottland produzierten Whiskys und fünf bis sechs Prozent im warmen Kentucky.

ANOSMIE: Partielles oder vollständiges Unvermögen, Gerüche wahrzunehmen oder zu unterscheiden. Entweder angeboren oder durch Kopfverletzungen hervorgerufen.

ARRAK: Ein asiatischer, meist aus Zuckerrohr gebrannter Schnaps. Arrak hat ein sehr eigentümliches, den Fuselalkoholen ähnliches Aroma, das daher zuweilen auch in lange gelagerten Spirituosen (Whisky, Branntwein und vor allem dunklem Rum) mit einem hohen Anteil von schweren Alkoholen im Destillat spürbar ist.

BARREL: Der englische Begriff für Fass. Ein amerikanisches Whiskeyfass hat eine Fassungsvermögen von 180 Litern.

BEFEUCHTEN: (englisch: *steeping*). Vor der Maischegärung wird das Getreide dreimal befeuchtet, um das Keimen zu erleichtern. Das gekeimte Getreide wird Grünmaische genannt.

BLENDED WHISKY: Ein Verschnitt aus einem Feindestillat und *Single Malt*. Meist im Verhältnis 30 Prozent Malzwhisky (oft eine Mischung aus rund 20 verschiedenen Sorten) und 70 Prozent Kornwhisky.

BODENSATZ: Feststoffe, die sich nach der Maischegärung, der Destillation oder im Lagerfass abgesetzt haben.

BRENNBLASE: (englisch: *pot still*), die kupferne Brennblase, in der die Destillation von Spirituosen stattfindet.

BUTT: Größeneinheit für Fässer. In der Regel liegt das Fassungsvermögen bei 500 Litern, es kann jedoch zwischen 491 und 636 Litern variieren. Ursprünglich war ein *butt* ein Sherryfass.

COLUMN STILL, CONTINOUS STILL, PATENT STILL: Kontinuierliches Brennverfahren, nach dem irischen Erfinder Aeneas Coffey auch *Coffey Still* genannt.

DARRE: (englisch: *kiln*), Anlage, in dem der Keimvorgang der Grünmaische durch Zuführung von heißer Luft unterbrochen wird. Seit dem späten 19. Jahrhundert in der inzwischen typischen Pagodenform.

DEXTRIN: Unvergärbarer Einfachzucker, der in der Maische bei hoher Wärmeentwicklung gebildet wird.

DIASTASE: Enzym, das zur Umwandlung der Stärke in Malzzucker beiträgt.

EICHE: Das bevorzugte Holz für Lagerfässer. Es gibt in der Natur etwa 600 Eichenarten. Eichenholz setzt dem flüssigen Inhalt Gerbsäure zu und kann dadurch den Geschmack positiv sowie negativ beeinflussen. Fässer werden meist aus dem Holz der Traubeneiche *(Quercus petraea)*, der Stileiche *(Quercus robur)* und der neutraleren amerikanischen Weißeiche *(Quercus alba)* hergestellt.

ESTER: Chemische Verbindungen, die aus der Reaktion von Alkohol mit Säure entstehen. Manche von ihnen sind für angenehme Aromen im Whisky verantwortlich. Andere Ester entstehen aus der Reaktion einer Fettsäure mit Alkohol; wenn es sich bei dem Alkohol um Glyzerol handelt, ist das Resultat ein Fett. Ester können sehr angenehm, aber auch nach Lösungsmitteln riechen. Typische Aromen sind Apfel (Buttersäureethylester), Birne (Amylester), Geranienduft (Geraniol) oder das nach Nagellack riechende Etylacetat.

EUGENOL: Der Duftstoff in Gewürznelken. Dieser Alkohol wird aufgrund seiner antibakteriellen Eigenschaften auch als Desinfektionsmittel verwendet. Eugenol im Whisky wird daher von vielen als nicht sehr angenehm empfunden.

FIRST FILL CASK: Bezeichnung für ein zum ersten Mal zur Whiskylagerung verwendetes Fass, das vorher Bourbon oder Sherry enthielt.

FUSEL: Eigentlich eine etwas stiefmütterliche Bezeichnung für eine Gruppe von schweren Alkoholen, die trotz alledem für die Geschmacksentwicklung des Whiskys unentbehrlich sind.

GERANIOL: Der frische, pfefferminzähnliche Dufstoff von Pelagonien.

GERSTE: Getreideart, die aufgrund ihres hohen Stärkeanteils ideal für die Herstellung von vergorenen Getränken ist. Man unterscheidet zweizeilige und sechszeilige Ähren. Die zweizeilige Gerste, auch Brauergerste genannt, wird für die Getränkeherstellung verwendet.

GRAIN WHISKY/KORNWHISKY: Durch kontinuierliche Destillation hergestellter Whisky. Er ist meist leichter und neutraler im Geschmack und wird überwiegend für Blends verwendet.

GRÜNMALZ: Gekeimte Gerste. Diese wird durch Erhitzen zu Malz verarbeitet.

HEFE: Einzelliger Pilz, der Zucker durch Gärung in Kohlendioxid und Ethanol aufspaltet. Wie genau die Hefegärung vonstatten ging, war lange Zeit unbekannt. 1883 entdeckte der bei Carlsberg beschäftigte Emil Christian Hansen, dass es sich bei Hefe um einen Pilz handelte, den man durch Züchtung beeinflussen kann.

HERZSTÜCK/MITTELLAUF: Der Mittellauf der zweiten Alkoholdestillation, das endgültige Rohdestillat. Es enthält im Schnitt mindestens 72–73 bis höchstens 59–68 Volumenprozent Alkohol.

HIGHLANDS: Gebiet, das sich nach dem Steuergesetz von 1784 nördlich einer gedachten Linie zwischen Perth und Glasgow befindet. Im Gegensatz zu den südlich dieser Linie gelegenen Lowlands wird der Whisky hier in kleineren Brennblasen destilliert und schmeckt besonders intensiv, füllig, malzig und mild.

HOGSHEAD: Fassgröße. In der Regel beträgt das Fassungsvermögen 250 Liter, zuweilen bis zu 275 Liter.

ISLAY: Schottische Insel mit acht Brennereien, mit insgesamt 3500 Angestellten, ansonsten überwiegend von Schafen und Touristen bevölkert. Im Süden befindet sich Port Ellen mit der gleichnamigen, 1983 gegründeten Brennerei. Port Ellen Maltings ist eine der kleinsten industriellen Mälzereien Schottlands. In östlicher Richtung liegen Ardbeg, Lagavulin und Laphroaig, westlich von Port Askaig dann Bowmore, Bruichladdich und zuletzt die kleine Brennerei Kilchoman, die zu den drei oder vier neuesten Brennereien Schottlands gehört und zugleich die westlichste ist.

ISLANDS: Sammelbezeichnung für die schottischen Inseln, auf denen Whisky gebrannt wird – oft mit Ausnahme von Islay, die dann als eigenes Herkunftsgebiet betrachtet wird. Dazu gehören Highland Park und Scapa auf Orkney, Tobermory/Ledaig auf Mull, Jura sowie Talisker auf Skye. Hauptcharakteristikum dieser Whiskys ist in unterschiedlicher Ausprägung ihr Seecharakter: Jod, Meerwasser, Teer, zuweilen ein scharfer Geschmack nach Holzfass und salziger Meeresbrise.

KETONE: Chemische Verbindungen, die für die ausgefalleneren Whiskyaromen zuständig sind, darunter Käse (Diacetyl), Himbeeren (Ionon), Veilchen und Gras.

KOLA-, KINUSKI- ODER KARAMELLSAUCE: Bei mittlerer Temperatur in einem Stieltopf 50 g Butter zerlassen. 100 ml Sahne (oder etwas mehr) sowie 50 ml dunklen Sirup, 50 ml Zucker und 1 Prise Salz zugeben. 15 bis 20 Minuten köcheln lassen, bis ein Tropfen Flüssigkeit in kaltem Wasser leicht fest wird (Zuckerthermometer = 120–122 °C). Wunderbar über Vanilleeis mit Bananenscheiben und Mandelsplittern, perfekt mit einem Glas Bourbon oder Glenlivet Nadurra dazu.

LOMOND STILL: Zwischenstufe zwischen *continuous still* und Brennblase. Damit kann man verschiedene Sorten Rohdestillat in ein- und derselben Anlage herstellen.

LOWLANDS: Gebiet, das sich nach dem Steuergesetz von 1784 südlich einer gedachten Linie zwischen Perth und Glasgow befindet. Nördlich dieser Linie liegen die Highlands. Der Lowland-Whisky wurde historisch in größeren Brennblasen destilliert und ist durch Dreifachdestillation oft leichter und fruchtiger als Highland-Whisky.

MALT WHISKY: Aus Gerstenmalz in kupfernen Brennblasen gebrannter Whisky. Wenn er nicht mit anderen Sorten verschnitten wird, wird er als *Single Malt* bezeichnet.

MAISCHE: Vergorener Gerstenbrei mit niedrigem Alkoholgehalt (sieben bis neun Prozent Prozent), aus dem Bier und Whisky hergestellt wird.

MAISCHEGÄRUNG: Durch Zufuhr von Wärme wird die im Getreide enthaltene Stärke in Zucker aufgespalten und unter Zufuhr von Hefe vergoren.

MAISCHEKESSEL: (englisch: *wash still* oder *low wine still*). Brennblase, in der die erste von zwei oder drei Destillationen stattfindet.

NACHLAUF: Endphase der Destillation, in der aufgrund höherer Wärmezufuhr auch die schweren Alkohole (etwa die Fuselalkohole) durch den Schwanenhals der Brennblase aufsteigen und ins Kondensat übergehen.

PERTHSHIRE: Gebiet im Zentrum des südlichen schottischen Hochlands mit einigen Brennereien, deren Produkte typisch für das gesamte Hochland sind.

PINT: Volumenmaß, entspricht 0,5678 Litern, 20 *fluid ounces* oder 2 *cups*.

PIPE: Fassgröße. In der Regel beträgt das Fassungsvermögen 500 Liter. Oft wurde darin Portwein gelagert, daher auch die Bezeichnung *port pipe*.

POT ALE: Auch *burnt ale*, der Bodensatz der Maische nach der Destillation.

RÜCKFLUSS: (englisch: *reflux*), das Kondensat, das während der Destillation nicht durch den Schwanenhals entweicht, sondern wieder in die Brennblase zurückläuft. Grundsätzlich gilt: Je höher der Rückfluss ist, desto reiner ist schließlich auch das Rohdestillat.

RUMMAGER: Eine Art Matte aus kupfernem Kettenpanzer, die das Destillat in den Brennblasen bewegt, sodass es nicht am Boden anbrennt.

SCHWANENHALS: (englisch: *lyne arm*), der lange, schmale Hals der kupfernen Brennblasen.

SLÀINTE: Gälisch für Prosit (wie „Schländsch" ausgeprochen).

SPENT LEES: Bodensatz in der Brennblase.

SPIRIT SAFE: Glaskasten mit Messingrahmen, in dem zwischen den Läufen der Destillation umgeschaltet werden kann. Er ist verschlossen, damit niemand direkt an das Destillat gelangen kann. *Spirit safes,* die Erfindung eines Mannes namens Septimus Fox, sind in Großbritannien seit 1823 gesetzlich vorgeschrieben und wurden zuerst von der Port Ellen Brennerei auf der Insel Islay verwendet.

TANNIN: Gerbstoffe, die dem Whisky während der Fasslagerung durch das Eichenholz zugesetzt werden und Maltwhisky den charakteristischen Geschmack verleihen. Die Bezeichnung kommt daher, dass Gerbstoffe auch bei der Ledererzeugung eine wichtige Rolle spielen.

TERPENE: Chemische Verbindungen, deren Geruch etwa an Rohgummi, Kümmel (Carvon), Menthol, Pfefferminz oder Kampfer (Camphan) erinnert.

TORF: Brennbares organisches Sediment, im baumarmen schottischen Hochland traditionell als Brennmaterial zum Mälzen verwendet. Dadurch bekommt der Whisky ein charakteristisches Raucharoma.

TREBER: Bodensatz im Maischekessel, wird als Viehfutter verwendet.

UISGE BEATHA: Schottisches Gälisch für „Lebenswasser". Daraus hat sich im Laufe der Zeit die Bezeichnung „Whisky" entwickelt.

VANILLIN: Ein Aldehyd, das vom Menschen auch noch in schwachen Konzentrationen wahrgenommen werden kann. Der Vanilleduft des Whiskys kommt teils von dem im Rohdestillat enthaltenen Aldehyd Eugenol und teils von dem Eichenholz der Lagerfässer. Das im Holz enthaltene Lignin wird durch Erhitzen aufgespalten. Dadurch entsteht das Duftaldehyd Vanillin.

VATTED WHISKY: (von Englisch *vat,* Fass), aus verschiedenen *Single Malts* zusammengesetzter Whisky, inzwischen auch als *Blended Malt* bezeichnet.

VOLUMENPROZENT: Alkoholgehalt bezogen auf das Volumen des Destillats.

VORLAUF: Der erste Lauf des letzten Brennvorgangs, bei dem die leichteren Alkohole durch den Schwanenhals der Brennblase aufsteigen. Dies sind zumeist blumig oder fruchtig duftende Aldehyde und Ester, jedoch auch Methanol. Sie geben dem Whisky Entwicklungspotenzial während der Lagerung.

WASH: Englisch für Maische.

WOOD FINISH: Gegen Ende der Fasslagerung kann ein Whisky nochmals für eine bestimmte Zeit in Fässer umgelagert werden, die vorher einen fruchtigeren, süßeren oder anders ausgeprägten Inhalt hatten, um ihm einen ganz besonderen Geschmack zu verleihen. Bei Glenmorangie etwa sind dies Sauternes-, Portwein- oder Sherryfässer, bei Balvenie Sherry-, Bourbon- und gelegentlich auch Portweinfässer. Die Nachlagerung dauert zwischen sechs Monaten und einem Jahr.

WORTS: Englisch für Würze.

WÜRZE: Zuckerlösung aus Wasser und Malzzucker, die sich während der Maischegärung bildet.

VERY
Ard
EXCLU
Committee
SINGLE ISLAY MALT
Since the distillery re-opened in 1997
been keen to sample our 'work in pro
to release a limited quantity of Ardbe
members of the Committee. This exp
strength, is non chill-filtered and is dr
The result is a young gristy ARDBEG do
bright future for the Ultimate Islay Ma
FOR DISC
DISTILLED 1997 - B
ARDBEG DISTILL
ISLE OF ISLAY, ARG
DISTILLED AND BOTTL

DANKSAGUNG

ZUALLERERST EIN DICKES DANKESCHÖN AN …

PIA, KLARA, LIINA und **JULIA.** Ihr Lieben steht hinter mir und allen meinen Büchern. Euer Lachen und eure Ideen liefern mir die allerbeste Inspiration und oft auch die nötige Ablenkung. Seid mir fest gedrückt!

UND EBENSO GROSSER DANK AN …

BENNY ERONSON für das Korrekturlesen und **ALAN MARANIK** für das Layout, **STEFAN LINDSTRÖM** und **CHRISTER LINDBLOM** für den praktischen Einsatz sowie hochwillkommene Ideen und Strategien für das Marketing dieses Buches.

…und schließlich noch einmal herzlichen Dank an alle, die so großzügig zu den vorigen Auflagen beigetragen haben!

Originaltitel: *101 whisky du måste dricka innan du dör 2016/2017*
ISBN der Originalausgabe: 978-91-86287-97-9

Bildnachweis:
Örjan Westerlund, außer: Beveo, S. 130, Cask Sweden, S. 90; Diageo, S. 58, 140 (mit freundlicher Genehmigung des Diageo Archivs); Edrington Group, S. 42, 108–110, 142, 146, 150–154; Mackmyra Svensk Whisky, S. 156; Möet Hennessy, S. 22–24, 92, 98; Pernod Ricard, S. 148; Renbjer & Magnusson, S. 106; William Grant & Sons, S. 32–34, 82–84.

Produktidee und Creative Director: Stefan Lindström
Layout und Produktion: Alan Maranik/Stevali Production
Lektorat: Jennifer Lindström und Benny Eronson

Übersetzung aus dem Schwedischen: Frauke Watson
Redaktion und Satz: ce redaktionsbüro

Gesamtherstellung: Ullmann Medien GmbH, Potsdam

Printed in Poland, 2018

ISBN 978-3-7415-2330-4

10 9 8 7 6 5 4 3 2 1
X IX VIII VII VI V IV III II I

www.ullmannmedien.com
info@ullmannmedien.com
facebook.com/ullmannmedien
twitter.com/ullmannmedien

FSC www.fsc.org
MIX
Papier aus verantwortungsvollen Quellen
FSC® C129466